여행의 마음

여행의 마음

초판 1쇄 발행 2025년 8월 8일

지은이 조화진
펴낸이 권경옥
펴낸곳 해피북미디어
등록 2009년 9월 25일 제2017-000001호
주소 부산광역시 동래구 우장춘로68번길 22
전화 051-555-9684 | **팩스** 051-507-7543
전자우편 bookskko@gmail.com

ISBN 979-11-94977-03-2 03810

* 책값은 뒤표지에 있습니다.
* 잘못된 책은 구입하신 곳에서 교환해드립니다.

여행의 마음

조화진 지음

세계를 여행한 사람은 5000마일이 지나면
새로움을 발견하지 못하지만 오직 새로운 것만 찾는다.
─페르난두 페소아의 『불안의 책』에서

소중한 여행 메이트 명은에게

들어가며

그냥 떠나버려!

누군가 말한다.
"외국 여행은 좀 겁나, 그래서 혼자서 가고 싶기도 하지만 결국 내키지 않아도 친구와 가서 싸우고 오곤 하지."
혼자 가면 좋다가도 어느 순간 외로워지고 멋진 풍경 앞에서 대화를 나누며 공감하고 싶은데 누군가 옆에 없어 아쉽다. 또 같이 가면 어떤 땐 의지가 되어서 좋은데 늘 붙어 있어야 하니 떼버리고 싶은 순간도 있다. 어쩌란 말인가.
또, 누군가는, 커피를 앞에 두고 친구와 수다 떨며 말한다.
"멀리멀리 떠나버리고 싶어. 이놈의 똑같은 일상 지겨워 죽겠어. 언제 나도 떠나 보나, 다들 잘도 가더만."
그래, 그냥 떠나버려. 처음이 어렵지. 하다 보면 쉬워. 무조건 질러버리라고.

사람들은 왜 기를 쓰고 여행을 떠날까.

권태 때문에, 새로운 일을 시작하기 전에 재충전을 위해서, 혹은 실연의 아픔을 달래려고 낯선 여행지에 짐을 푼다. 대부분의 사람들은 집에 있으면 나가고 싶고 떠나 있으면 집에 가고 싶어 한다. 나는 여행을 와서도, 떠나고 싶어 안달했던 내가 사는 곳이 그립다. 밤이면 생각에 잠긴다. 곧 집으로 돌아갈 거라고, 떠나면 집이 그립고 집에 있으면 어딘가로 떠나고 싶으니 얼마나 이중적인가.

인생을 다르게 살고 싶다고 생각하지만 생각뿐, 어제와 똑같이 산다. 시간은 흐를 테고 또 훨씬 시간이 지난 후에도 같은 생각을 되풀이할 것이 뻔하다. 늘 떠난다는 생각을 몸에 집어넣고 살지만 용기 또한 쉽지 않다.

정신적 기근이 심할 때 떠나는 여행은 큰 힘이 되었다. 그곳이 어디든 여행에서 돌아와 일상에 복귀하더라도 버틸 수 있고, 에너지가 생겼다.

여행을 가면 생각보다 피곤에 절어도 단 하루도 쉬어지지 않는다. 호텔에 머물며 쉴까 하다가도, 막상 쉬면 할 게 없다. 너무나 적막해서 지루하기만 하다. 집에서 쉬는 개념과 다르다. 결국 어딘가로 나가서 돌아다녀야 하는 게 여행인 것이다.

여행 횟수가 늘어가면서 뭔가 사적인 기록의 범위를 넓히고 싶다는 생각이 들었다. 집에 돌아와 추억을 곱씹다 보면 훨씬 감미롭게 변해서 점점 더 간절히 그리워지고, 그러니 푹 삭이다가 하나씩 쓰게 되었다. 여기 실린 글은 팬데믹 기간 이전부터 한 꼭지씩 써 나갔다. 여행이 그리워서 기억에 의존해 보고 느끼고 깨달았던 걸 쓰다 보니 분량이 꽤 되었고, 최근에 다녀온 곳을 덧붙였다. 정리하다 보니 내 취향은 소소한 일상 같은 여행지를 선택한다는 걸 알게 되었다. 다녀온 곳이 꽤 되니 여행에 애타지 않으면서도 갈 기회가 생기면 주저 없이 떠난다. 뭐든 해보지 않을 때 더 갈증나듯이, 반대로 어느 정도 해보면 더 이상 갈구하지 않듯이 말이다. 쓰는 동안 무척 행복했고 자유로웠다. 마치 여행을 하고 있는 느낌이 들었다.

여성으로서 주부로서 갇히지 않고 넓혀나가는 태도와 마인드를 놓치지 않으려고 애썼고, 책에도 그런 의도를 담으려고 했다. 순간순간 느끼는 삶의 무게감, 공허함, 구속감 그런 걸 채우는 방식은 여러 가지가 있겠으나 돈을 아껴서 여행하는 마음을 가지게 된 계기와 가치에 대한 얘기도 담았다.

여행은 마음을 들여다보는 일인 듯하다. 여행지에서 하는 글쓰기와 책읽기와 생각은 모르는 사람들 속에 섞여 흘러가는 어떤 마음으로, 낯선 위로였고, 그것만으로 충분했다.

2025년 7월 조화진

차례

들어가며   9

Part 1   **여행하는 동안**

기장의 멘트는 섹시하다   19
여행의 시작   21
딸은 평생의 여행 파트너   25
여행의 추억   28
기억의 공간   31
그냥 뉴욕이라서 좋은 뉴욕   33
딸과 함께 파리지앵으로 살아보기   37
영화 혹은 소설을 따라가는 여행도 한 번쯤   42
흰 햇살과 바람으로 기억되는 그리스   50
보르도 가는 밤 버스   55
자다르의 건반 해안에서   59

Part 2　　　　　　　　　　　여행의 사생활

나를 찾는 것	65
여행, 자유로워지고 싶은 갈망으로부터	69
내 안의 것을 어쩌지 못할 때	72
혼자서 여행, 그것 참 좋더라	75
공상	79
과감히 떠나버려라	83
떠나기 전과 돌아온 후	86
여행하는 마음으로 인생을 산다면	89
주부, 여행에 미치다	92
여행의 마음	96

Part 3　　　　　　　　　　머물고 싶은 순간들

그곳이 어디든	101
돈 들여 이 먼 곳까지 와서 아무것도 안 한다고?	105
장밋빛 도시 툴루즈	108
여행의 어떤 순간은 영원히 기억된다	112
알비 가는 날	114
뉴욕에서 살아보기	119
뉴욕공공도서관에서 보낸 하루	123
앨리스 먼로의 책을 발견한 날	127
바로크 도시 모디카	131

바닷가 마을 포잘로   134
베네치아는 길 잃기 딱인 곳   138

Part 4   여행의 기억은 미화된다

처음은 설레고 벅차다   145
좋은 곳에 오면 눈물이 난다   148
여행이라고 다 좋은 건 아니다   151
사랑이 끝난 후에 드는 감정   154
호텔의 차가움   156
여행하면 눈이 트인다   160
잘 차려입고 나가기   164
다른 나라에서 밥 한 끼의 힘   167
떠나보면 안다   169
주부로 산다는 것   172
나만의 방   175
죽은 그녀를 위한 기억   179
여행지에서는 사치가 허용된다   182

Part 5   내가 있는 장소는 셀프 기프트

남해에서 며칠   187
제주에서 일상을 산다면   191

후쿠오카에서 발견한 아들의 모습	195
산 마르코 광장의 카페	197
혼자 쓰는 방이 좋은 이유	199
생텍쥐페리와 툴루즈	202
카타니아의 첫 날	205
에트나 화산 밑의 와이너리	209
한 장의 사진으로 남는 여행지	212

Part 6　현재가 중요하다

마르세유를 걷는 법	217
마데이라의 노숙인	222
말라가, 환상과 노스탤지어	226
이른 아침 한적함을 걷다	231
현재를 즐기는 방법	234
마데이라에서 보낸 크리스마스	237
리옹 근처의 시골마을	242
타오르미나와 그리스 극장	247
나는 가끔 추억을 위해 광복동에 간다	252

Part 1

여행하는 동안

기장의 멘트는 섹시하다

 가슴이 쿵쾅대기 시작한다. 나는 지금 기다리고 있다, 곧 닥쳐올 어떤 순간을. 이륙의 순간이 왔다. 그의 굵은 저음이 곧 들려올 것이므로 몹시 설레기 시작한다. 나는 안다. 나는 곧 섹시한 감정에 빠질 것이다. 좌석벨트를 매고 등을 의자에 깊숙이 묻은 채, 시야는 앞좌석의 등받이를 향한다. 이륙한다는 승무원의 멘트가 나온다. 드디어 비행기가 뜨고 사람들은 기체가 안정되기를 기다린다. 그 목소리에 빠질 수밖에 없을 만큼 섹시한 기장의 멘트가 시작될 것이다. 나는 그의 굵은 저음에 푹 빠져들 것이다. 마치 첫 연애를 시작한 소녀처럼. 매번 비행기를 탈 때마다 이렇다.
 이륙하고 기체가 안정되자 승무원이 음료를 준비하느라 다소 소란스럽다. 좌석벨트를 풀고 영화를 클릭하려는데 그의 섹시한 저음이 나온다.

"Thank you for waiting ladies and gentlemen. As we are cleared for take-off, please make sure that your seatbelt is (오랫동안 기다리셨습니다. 저희 비행기는 지금 이륙 허가를 받았습니다. 좌석벨트를 매셨는지)……"

굵은 저음의, 얼굴도 모르는 기장은 매력적이다. 그의 음성은 침착하고 심지어 아름답기까지 하다. 분명 키도 크고 얼굴도 잘생겼을 것이고 체격도 다부질 것이다. 나는 안 해도 될 상상을 멋대로 하며 그의 음성을 듣는다. 특히 밤 비행기라면 기장의 멘트는 더욱 멋지게 들린다. 밤이 주는 어떤 환상성 때문일지도 모르겠다.

승객에게 전하는 지극히 사무적이고 뻔한 멘트에 나는 섹시함을 느끼고 빠져든다. 이 포인트가 중요하다. 기장의 굵은 음성이 섹시하게 들리는 건 떠나는 설렘과 겹쳐서다. 여행은 단순히 목적지의 풍경만을 보기 위해서 가는 것이 아니니 말이다.

나는 지금 기대에 부풀어 점찍은 여행지를 향해 가고 있다. 세상에서 가장 멋진, 낯선 곳을 향해 떠나는 중이다.

여행의 시작

눈이 아파 보던 영화를 끄고 잠을 청하려고 눈을 감는다. 기내에서 잠을 못 이루는 이것도 병인가. 나이가 들어가면서 심해졌다. 눈을 감은 채 내가 다녀온 도시를 떠올린다. 드레스덴, 시라쿠사, 모디카, 시클리, 타르투, 이스탄불, 뉴욕, 탈린, 상트페테르부르크, 두브로브니크, 피란, 로비니, 홋카이도, 보르도, 헬싱키, 비엔나 등등 셀 수도 없다. 최근에 다녀온 도시 이름이 먼저 떠오른다.

가장 최근에 나는 자그레브를 여행했다. 자그레브의 놀랍도록 매력적인 거리가 떠오른다. 성당으로 올라가는 한산한 언덕길과 두서없이 늘어선 아름다운 카페들, 남편과 아들에게 선물하려고 넥타이를 사러 들어간 상점이 있던 좁고 구불구불한 골목길은 타일 바닥이었다. (크로아티아는 넥타이의 원조이며 이곳에서 만들어지는 넥타이는 모두 핸드메이드다.)

수없이 다녔는데도 나는 여전히 세상의 도시들을 다 가

보고 싶다고 생각한다. 안 가본 곳이 너무나 많다.

장소를 찜하고 가장 싼 비행기 표를 찾아 인터넷을 떠돌 때부터 여행은 시작된다. 환승하는 싼 표를 찾고 찾아 떨리는 손으로 클릭을 하고 결제를 하면 이제부터는 숙소를 찾기 시작한다. 그렇게 여행 준비에 발 들이는 순간부터 여행은 시작되는 것이다. 『어린왕자』에 "네가 오후 네 시에 온다면 나는 세 시부터 행복해질 거야"라는 구절이 있다. 딱 이런 맘이다. 비행기 표를 끊는 삼사 개월 전부터 나는 행복하다. 그곳의 핫플레이스를 검색하고, 역사에 대해 공부하고, 의상 체크도 하고. 상상은 감미로워서 실실 웃기도 한다. 허나 지금의 나는 갈 곳을 공부하지 않는다. 아주 조금만 검색한다. 예전에는 수없이 검색하고 가이드북을 봤다. 이제는 그러지 않는다. 미리 알고 가보니 시큰둥해지는 경험을 하고부터다. 나는 가능하면 현지인인 것처럼, 소소한 일상처럼 여행을 누린다. 현지인이 아니어서 더 현지인처럼 머물고 싶은 것 같다.

어떤 장소는 풍경을 보기 위해, 또는 명소를 방문하기 위해서 간다. 내 두 발로 유명한 그 장소를 찍었다는 자부심을 갖고 싶어서다. 타오르미나에 갔지만 그리스 극장은 가보지 못했기에 그곳은 꼭 다시 가야 할 도시가 되었다. 좋아하는 작가 윌리엄 트레버의 고향인 아일랜드는 꼭 가보고 싶은 나라다. 스코틀랜드의 웨스트 하일랜드 웨이는 걷고 싶은 길이다. 여행 프로에서 보고 단박에 푹 빠져버린 나라 알바니아는 우선순위로 정했다.

여행 프로에서, 여행 책에서 보고 읽었던 곳을 가고 싶은 꿈이 있기에 내 여행 리스트는 길다. 어느 날 들른 카페에 비치된 잡지에서 은희경의 「우연한 여행자들의 발견」을 읽었다. 짧은 그 글이 얼마나 좋던지, 그때부터 스페인의 프리힐리아나를 꼭 가야겠다고 다짐했다. 프리힐리아나에 대한 어떤 코멘트도 없이 지명만 나왔는데도 나는 그 도시를 찾아보고 가야겠다고 마음먹게 되었다.

고생고생해서 그렇게나 보고 싶어 하던 풍경 앞에 섰을 때의 황홀함이란. 고생했던 게 눈 녹듯 사라진다. 맛있는 걸 먹을 때, 기대한 풍경 앞에 섰을 때, 인생이 아름답다는 생각이 든다. 하지만 꼭 그 포인트를 가기 위해 여행하는 건 아니다. 가면서 겪는 것, 느끼는 것, 동행과 함께하는 것, 그 과정을 즐기는 게 여행이라는 걸 안다.

사실 여행지에서는 현지인이 아니라서 자주 주눅이 들기에 뭘 물어보기도 쉽지 않다. 영어도 잘 못하니 웬만하면 스스로 찾고 걸어서 간다. 그러려면 눈치가 중요하다. 여행을 하다 보면 눈치가 빠삭해진다. 평소 취미가 걷기여서, 걷는 거라면 자신이 있다.

멀리 떠나오면 저절로 그리워지는 것들이 있고 저절로 알게 되는 것들이 있다. 집밥의 고마움, 부모님의 생존, 걱정해 주는 지인의 따뜻한 말 한마디, 친구의 사소한 신경 같은 것들 말이다. 그러니 가족과 친구는 언제나 고마운 존재다.

딸은 평생의 여행 파트너

여행의 유전자가 탁월한 딸은 내 여행의 베스트 파트너다. 딸이 걸음을 떼고부터 주말이면 어딘가로 데리고 돌아다녔다. 어쩌면 의도적으로 딸을 친구로 길들인 건 아닌가 싶기도 하다. 사실 딸을 낳으면 그렇게 키워야지, 하는 마음을 오래전부터 갖고 있었다.

아들은 성장하면서 딸과 다른 행보를 보였다. 전형적인 한국 남자인 아들은 아들답게 무관심하고 혼자 놀게 내버려달라고 하니 딸을 데리고 이곳저곳을 다녔다. 나는 애 둘을 피아노니 미술이니 이것저것 안 가리고 남들이 다 보내는 곳으로 보냈다. 애가 재능을 발견해 장래 직업으로 연결된다면 좋은 일이지만 일반적으로 그렇게 되는 게 쉽지 않기에 인생 풍요로우라고 여기저기 학원에 보낸 것이다.

딸과 둘이서만 여행을 가기 시작한 건 딸이 초등학교에 들어가고부터다. 방학이면 기차를 타고 근교인 대구에 가서 일박을 하며 이런저런 모녀의 비밀을 만들었다. 딸이 중학생이 되자 동해안으로 가기도 하고 내가 머무는 펜션에 딸이 주말이면 와서 같이 지내기도 했다. 중학교 1학년 겨울방학을 맞은 딸을 데리고 동해안으로 3박 4일 여행을 갔다. 여행에서 돌아와 단편소설「길 위에서」를 써서 그해 신춘문예에 당선됐다. 딸이 대학 1학년이 되자 우리 부부는 딸을 데리고 유럽 12일 여행을 떠났다. 딸이 직장인이 되고부터는 딸의 여름휴가에 맞춰 단둘만 여행하게 되었는데, 그것이 우리 모녀의 연례행사가 되었다. 많은 곳을 딸과 함께 갔고 우리만의 추억의 페이지 수도 늘어났다. 딸은 내 '평생의 여행 파트너'가 되었다. 지금도 딸과의 여행은 진행 중이다.

딸과 여행을 가면 일정 내내 붙어 있지 않는다. 본인이 가고 싶은 곳을 각자 혼자 간다. 오전 시간을 따로 보내고 식당에서 만나 점심을 먹기도 한다. '따로 또 같이'는 서로에게 자유를 준다. 2018년 가을 보르도에서였다. 나는 와인클럽 멤버들과 와이너리 투어를 하며 보르도에 있었다. 뒤늦게 딸이 합류했다. 딸은 직장 관계로 인천-파리를 거쳐 보르도에 왔다. 나는 호텔에서 딸을 기다렸다. 비행기가 연착되어 늦어진다는 딸의 카톡이 왔다. 나는 기다림에 조바심이 나고 싱숭생숭해져 호텔 현관을 들락거리다 마트에나 갔다 와야지 하며 길을 나섰다. 마트에 가도 별 살 게 없을 것 같아 마음을 바꿔 호텔로 유턴해서 걷는데 어디선가 "엄마!" 하는 소리가 들렸다. 환청인 줄 알았다. 그러나 본능적으로 내 가슴은 쿵쾅거리기 시작했다. 내가 돌아보자 저 길 끝에서 딸이 엄마! 부르며 캐리어를 끌고 나를 향해 달려오고 있었다. 우린 몇 년 만의 해후처럼 서로를 끌어안았다.

 이때의 감동은 너무 벅차서 뭐라고 표현하지 못하겠다. 겨우 며칠 떨어져 있었는데 이처럼 황홀한 조우라니. 그곳이 외국의 낯선 도시라서 그랬을 것이다.

 며칠간 함께 여행한 뒤 나는 추석 때문에 먼저 귀국하고 딸은 혼자서 일주일을 더 여행하고 돌아왔다. 그때의 감정은 아직 잊히지 않는다. '엄마' 하고 부르는 그 소리는 마법 같았다. '이런 하찮은 엄마 부르는 소리가 뭐 그렇냐'고 할지 모르지만 이 세상 엄마들은 알 것이다. 엄마! 소리가 얼마나 가슴을 쿵 치는지, 위대한지 말이다.

 딸과 나는 우리만의 비밀을 공유하듯 여행 중 수많은 에피소드와 같이 갔던 곳에 대해 시시때때로 떠들곤 하는데, 얼마나 큰 즐거움인지 모른다. 해도 해도 새롭고 진부하지 않은 신선한 메뉴가 여행 이야기다. 함께해야만 할 수 있는 말이 있는 법이다. 어떤 순간에는 말이다.

여행의 추억

혼자 여행은 초등 3학년 때부터 시작되었다. 방학 시작과 함께 이모네, 고모네, 삼촌네 등을 가기 바빴다. 엄마는 여름방학이 시작되기 전부터 잔꽃 무늬가 앙증맞게 프린트된 포플린 천을 끊어 와 내 원피스 짓기 바빴다. 민소매 원피스 하나, 반소매 원피스 하나, 두 개를 만들었다. 앙증맞은 잔꽃은 제비꽃, 산딸기, 민들레, 달개비꽃, 별꽃이었다. 허리가 잘록하고 배꼽쯤에 리본을 달아 멋을 부린 원피스를 입으면 부잣집 딸내미가 된 착각에 빠져서 혼자 우쭐한 심정이 되곤 했다. 아무도 알아주지 않을 나만의 착오에 빠져 헤헤거렸다. 분홍색 분위기, 하늘색 분위기의 여름 원피스를 입고 혼자 버스를 타면 가슴은 사정없이 콩닥거리기 시작한다. 휙휙 스치는 풍경을 눈에 담느라, 이모 댁의 차부를 지나칠까 봐 내 눈은 긴장으로 촉을 세웠다.

엄마는 돈을 쥐여주며 당부했다.

"이 돈 가지고 차부에 내리면 큰 점방에서 사탕과 과자를 꼭 사 들고 가거라. 잊지 말고."

나는 버스에서 내리면(두 번 갈아타는 경우도 많았다) 엄마가 당부한 사탕 따위는 금세 잊고 마음이 급해져 이모네 집에 뛰어들며 이모! 하고 부른다. 이모 댁의 많은 사촌 형제들과 어울리다 보면 집에 가기 싫다. 엄마가 말한 "너무 오래 있지 말고 다섯 밤만 자고 와라. 여름 손님은 안 반가운 법이니라"는 기억에 없다.

내 집, 내 동네가 아닌 이모 댁에서 귀한 손님 대접을 받으며 사촌들과 어울리는 방학은 그야말로 그 시절 인생 절정기다. 이런 기억은 영원히 각인되고 어른이 돼서도 아름답게 간직하는 많은 추억 중 하나로 남는다. 내 삶을 키운 '방학 중 친척집 순례기'는 여행과 글쓰기의 기초가 되었다.

방학 때마다 빼먹지 않고 친척집 중 어딘가로 가서인지 너무 추억이 많아서 탈인 나는 혼자만의 감정을 누리려고 이 작은 여행을 결혼 전까지 계속했다.

청춘을 보낼 때는 청춘의 상징인 이런저런 방황과 혼란과 실연을 겪었다. 죽도록 방황하고 밤새워 고민했다. 실마리가 잡히지 않는 앞날에 절망을 거듭했다. 뜨겁게 사랑하고 아프게 이별했다. 나는 힘든 일에 부닥칠 때, 놔버리고 싶을 때, 쉬고 싶을 때, 이모 집에 갔다. 애인과 헤어져 가슴이 쓰릴 때도 이모 집에 갔다. 이모에게 털어놓지는 않았지만 머물다 돌아올 때쯤엔 조금 나아진 자신이 느껴졌다. 어떤 치유의 힘이 분명히 있었다. 그냥 갔다가 왔을 뿐인데 몸과 마음이 회복되는 건 분명 선물이었다.

기억의 공간

 이상하게 먼 곳에 가면 그리움의 대상에 집착하게 된다. 실은 그다지 그리움에 젖을 사이가 아닌데도 '그' 내지는 '그녀'가 떠오르며 그리움이 증폭되는 것이다. 아마 아득히 먼 곳에 와서일 것이다. 바로 달려가지 못할 위치에 내가 있어서일 것이다. 거기에 보태서 까닭 없이 센티해져서이고, 여행 중의 외로움에 빠져서일 확률이 크다.
 어떤 장소든 혼자 있게 되면 나는 지나간 소유의 시간을, 내 기억의 편린을 소환한다. 전애인1, 전애인2를 불러오는 식으로. 혹은 한때 절친이었으나 지금은 소식도 모르는, 그녀와 함께 갔던 곳을 떠올리는 것이다. 그들은 아메바처럼 꼬물꼬물 얽혔다가 다시 원위치로 돌아온다. 너무 낭만적이어서 탈이던 그때 그 시절, 내가 사랑에 빠져 정신 못 차리고 '그'만을 떠올리고 생각하고 온통 그랬을 때 같이 갔던 장소들, 머물던 어떤 공간들.

나는 처음 온 이국의 낯선 장소에서 오래전의 그, 또 다른 그, 그리고 소중한 우정이었던 그녀들을 떠올린다. 흐릿하지만 분명한 이미지가 떠오른다. 며칠 동안 펜션에 갇혀 지냈던 한때의 추억에 젖는다. 섬에서 달콤한 셀프고립을 하던 때를 떠올린다. 폭설에 갇혀 차 안의 냉기에 오싹했던 순간이 있었다는 것을 기억한다. 팔짱을 끼고 길거리를 돌아다니며 길거리 음식에 탐닉하던 무수한 시간 속의 그와 그녀를 애써 찾는다. 찾아지기도 하고 조각조각 흩어지기도 한다. 시간순으로 떠올리지만 뒤죽박죽이다. 지나간 것은 맞기도 하고 아니기도 할 것이다. 흩어졌다 모이는 해안가의 포말과 같다. 밀려왔다 밀려가는 파도 밑의 모래알과 같다.

그 내지 그녀들은 지금은 어떻게 살고 있을까. 어디에서 무엇을 하며 살아갈까.

지금은 이름도 생김도 가물가물한 그들이 있어서 나는 이 순간을 기억하는 것 같다. 잊힌 그들을 소환해 떠올리는 이 행위는 먼 곳에 왔기에 가능한 것이니, 이것 또한 여행의 선물이다.

그냥 뉴욕이라서 좋은 뉴욕

뉴욕은 참 묘한 곳이다. 그곳에 있다는 것만으로 아찔하게 좋은 곳이 뉴욕이고, 머무는 그 자체만으로 내 스스로가 빛나 보였으니 말이다. 누군가는 수없이 들락거리는 뉴욕이겠지만 나한테는 생애 처음이어서 느낌이 더 강했다. 그게 뭐든 '처음'은 강한 자극을 남기니까.

내가 아는 한 뉴욕은 신세계였다. 그곳에서는 진짜 살아 있는 느낌이 들었는데 그것이 나를 압도하는 이유이기도 했다. 뉴욕에 머물던 열사흘 동안 정말정말 신이 나서 돌아다녔다.

사람들은, 흔히 뉴욕은 아름다운 빌딩숲과 센트럴 파크와 멋진 야경과 세련된 사람들과 부와 자유, 뭐든 가능할 것 같은 것만 있다고 말한다. 완벽하고 위대한 꿈의 도시이고 세계의 중심이며 유행의 첨단이니 더 말하면 입만 아프다는 표정이다. 말만 들어도 당장 가고 싶게 만들어버린다.

뉴욕 하면 떠오르는 좋은 이미지와는 달리 실지로 며칠이라도 살아보면 고물가에, 낮잠은 도저히 잘 수 없는 소음에, 온종일 따발총으로 질러대는 소방차 소리에 넋을 빼앗기고도 모자랄 지경이다. 게다가 건물 보수공사 하는 곳은 왜 그리 많은지 가림막과 철근 구조물 아래를 빠르게 지나치는 건 너무나 흔한 풍경이다. 그런데도 이 도시는 참 이상한 곳이어서 며칠만 살면 곧바로 빠져드는 곳이 또 뉴욕이었다. 소방차 소리가 있는 반면 절간 같은 도서관이 있는 '모든 것이 가능한 곳'이 바로 뉴욕이었다.

베이글과 킹크랩버거와 쉐이크쉑버거와 스테이크와 뉴욕도서관, 북 스토어, 재즈 바, 브루클린과 소호, 코니 아일랜드 해변, 센트럴 파크에서 조깅한 다음 잔디 위에 누워 책 보기, 브루클린 공원에서 피자 먹으며 강 너머 월가 건너다보기, 목록에 엑스 자를 하나씩 긋듯 나는 다 해보았다.

그래도 전부는 다 못 했다. 다음에 또 와야 할 이유가 자연스럽게 남겨졌다.

뉴욕에 머물면서 로망을 하나하나 실현하는 그 자체가 매력적이었다. 뉴욕을 누볐지만, 그래봤자 턱없이 못 가본 곳이 많았다. 하지만 다시는 돌아오지 못할 곳이기나 한 듯 싸돌아다녔다.

맨해튼 39번 거리 아파트호텔에 묵었는데 타임스퀘어는 걸어서 십 분 거리에 있었다. 밤에는 자정이 넘어서야 모두 한꺼번에 잠들듯 조용해지곤 했다. 매일 밤 똑같은 패턴이었다.

아침을 해 먹고 호텔을 나서면 삶의 치열한 현장이 바로 느껴진다. 빠른 걸음으로 걷는 사람들로 인해 거리는 벌써 소음으로 가득 차고 스물네 시간 앵앵거리는 앰뷸런스 소리는 여전히 귀를 때린다. 마음이 급박해지는 소방차 소리는 어느새 귀에 익숙해졌다. 정말이지 나는 적응의 귀재다. 건물 지하에서는 커다란 검정 쓰레기봉투를 들어내 청소차에 싣고 있고, 포장마차 빵가게는 이미 문을 열었으며 귀에 전화기를 대거나 테이크 아웃한 커피를 들고 사람들은 앞만 보며 어디론가 흘러가고 있다. 내가 보고 들어서 익히 알고 있는 뉴요커의 모습이었다. 상상하던 게 실제로 눈앞에 보이니 그것마저 신기할 지경이었다.

바쁜 인파 속에 섞이면서 직장에 가야 하는 건 아닐까 하는 생각이 들었다. 거리 끝마다 정복을 입고 예의주시하는 경찰은 뉴욕의 상징이었다. 이처럼 사람 많고 사건 많은 뉴욕에 경찰이 없다면? 나는 며칠 지나자 이 거대한 도시를 지배하고 질서 있게 만드는 것은 '법'이라는 생각에 도달했다. 그러니 소매치기도 없고 여행자인 내가 안전하게 다닐 수 있는 것이다.

13일간의 짧은 '뉴욕 살아보기'였지만 매일매일 어딘가를 가니 한 달은 산 듯한 기분이었다. 며칠만이라도 뉴요커가 된 기분으로 도시를 즐겼다. 여행자는 하루라도 시간을 허비할 수 없다. 그래서 매일 이동하고 새로운 곳을 방문하니 여행이 끝나면 충만해진다. 덤 같은 또 다른 삶을 백팩에 빵빵이 채워 온다. 뉴욕을 갔다 와서 바로 든 생각은 "언제 다시 가지?"였다. 단 한 번의 여행도 많은 이야기를 담는다. 하루 동안에도 여러 에피소드가 생기는 게 여행이니까.

딸과 함께 파리지앵으로 살아보기

 에펠탑은 한 시간 간격으로 발광한다. 스스로 빛을 내서 존재감을 확인시켜야 되니까.
 어느 밤, 딸과 나는 에펠탑이 레이저 빔을 쏘는 걸 바라보며 센강 근처 카페에 있었다. 도로 턱 아래에는 유람선이 밤의 황제처럼 화려하게 왕래하고, 눈앞에는 커다랗게 그 혼자 존재한다는 듯 에펠탑이 번쩍번쩍 강렬한 존재감을 확인시키고 있었다.
 파리를 서너 번 갔다고 해도 나는 파리를 제대로 알지 못한다. 유명한 스폿을 찍고 센강 밤 유람선을 탔다고 해서 파리를 안다고 생각하는 것이 오산이라는 것도 안다. 나는 관광객, 파리 시민이 아니니 제대로 파리를 모르는 건 당연하다.
 "파리에만 있다가 오자."
 이번 여행의 콘셉트였다. 딸과 나는 각자 파리를 두세 번

갔다. 딸은 파리에 며칠씩 머물기도 했지만 나는 다른 여행객과 섞여 잠시 들른 도시에 불과했다.

딸과 단둘이 파리에서 며칠 머무르기로 한 건 잘한 선택이었다. 이탈리아를 누비고 다닌 게 얼마나 좋았던지 우리는 이탈리아에서 열흘을 보내고 돌아와서도 마치 이탈리안처럼 그곳에서의 추억을 오랜 시간 우려먹었다. 파리에서도 파리지앵처럼 머무른다면 또 할 말이 산더미일 것은 당연하다.

여행은 그런 것이다. 기간이 짧아도 다녀오면 할 말이 무지 많고 해도 해도 질리지 않는다. 더구나 동행한 사이라면 만날 때마다 반복해도 지겹지 않다. 함께 다녀와서 후일담으로 하는 여행 얘기만큼 재밌는 대화는 없을 것이다.

파리는 관광지는 물론 가고 싶은 곳이 너무나 많은 도시다. 신이현의 『에펠탑 없는 파리』는 기억에 남는 책으로, 현지인이 아니면 모를 구석구석이 사진과 함께 담겨 있다.

또 다른 책, 『나의 위대한 도시, 파리』는 유명한 카페들과 아름다운 묘지, 문인들의 얘기, 거리들이 나온다. 이 책의 저자인 신문기자 로제 그르니에는 이렇게 말한다.

"내가 느끼기에 진짜 파리지앵들은, 다른 곳에서 태어난 사람들이고 그들에게는 파리에서 사는 것이 일종의 정복이다."
"파리의 묘지들은 아주 아름다워서 공원처럼 한가로이 거닐 수 있다."

너무나 많이 널려 있는 역사적인 카페들, 유명한 길들, 사연 있는 집들, 난 언제쯤 파리의 구석구석까지 가볼 수 있을까. 영화 '비포 시리즈' 중 두 번째 영화인 〈비포 선셋〉의 무대 '셰익스피어 앤 컴퍼니' 서점도 가고 그들이 걸어서 가는 '카페 레 되 마고' 혹은 문인들이 많이 가서 쌍벽을 이루는 '카페 드 플로르'도 가보고 싶다. '파리에서 한 달 살기'를 한다면 유유자적 길을 걷고 유명한 카페를 둘러볼 테지만 그건 나한텐 당치도 않은 '꿈'일 뿐이다. 돈에 쫓기고 시간에 쫓기는 꿈만 많은 여행자인 나는 파리에 오래 머물지 못하는 방문자였기 때문에 파리를 떠나올 때의 아쉬움은 정말 컸다.

사흘째, 함께 걷던 딸이 묻는다.
"엄마, 여기 좋아? 파리의 뒷골목, 이런 곳에 오고 싶어 했잖아."
나는 가던 길을 멈추고 딸의 눈을 들여다본다.
"좋아, 무척이나. 좀 으스스하고 누추한 이런 곳에 꼭 와보고 싶었어. 관광지가 아닌 이런 곳 말야. 파리 시민처럼 구석구석 다 다녀보고 싶다. 전에 읽었던 신이현의 『에펠탑 없는 파리』의 파리를 말야."

아침에 느긋하게 숙소를 나와 지하철을 타고 다녀보니 파리 시내는 너무나 넓다. 지도로 보면 크지 않아 보이는데 실제로 다녀보니 갈 곳은 끝이 없다.

오 일째 되는 날, 내가 말한다.

"내가 여기에 오게 될 줄 몰랐어. 영화에 나온 장소를 따라가는 건 근사하구나."

딸과 나는 파리 한복판 셰익스피어 앤 컴퍼니를 둘러보고 〈비포 선셋〉의 카페를 찾아 골목을 걷는 중이다. 긴 골목을 돌면 또 다른 골목 세 갈래 길이 나온다. 벽에 무심하게 갈긴 낙서가 예쁘다는 생각이 들고 앞서 걷는 딸의 뒤통수가 상큼하게 보인다.

내일은 파리의 공동묘지 '페르 라셰즈'를 둘러보기로 했다. 묘지에는 또 얼마나 많은 이야깃거리가 있을지, 죽은 셀럽을 몇이나 보게 될 것인지, 잠이 안 오는 파리의 밤이다. 파리에서 일주일을 살았지만 돌아가려니 눈물이 나올 정도로 아쉽다. 여행은 그런 것이다. 그 순간에만 느끼는 것, 그 자리에 있어야만 하는 것, 떠난다고 생각하니 더 아쉬운 것.

저녁에는 귀국 비행기를 타야 하니 일찍 체크아웃을 하

고 캐리어는 호텔에 맡기고 묘지 투어를 하기로 했다.

페르 라셰즈 공동묘지는 너무나 크다. 공원 같다. 산책하듯 걷고 또 걷는다. 햇볕도 잘 들고 소풍 나온 기분이다. 누군가의 에세이를 읽고 있는 느낌도 든다.

쇼팽의 무덤은 크다. 꽃과 화분과 악보와 편지도 있다. 에디트 피아프도 찾았다. 오스카 와일드의 무덤은 가장 보고 싶었던 곳이다.

위대한 예술가의 무덤에 꽃을 바치고 싶었지만 꽃을 사 오지 못했다. 그래서 약간 후회가 됐다. 나는 셀럽들의 묘지 앞에 서서 경외심을 담아 마음으로 참배를 했다. 그것만으로 할 일을 다 한 것 같았다. 울컥하는 감정을 주체할 수 없었다. 그들과 나는 상관없지만 무덤과 조우하는 자체만으로 울컥하다니 내가 몹시 형이상학적인 사고를 하고 있는 것처럼 느껴졌다. 이런 예외적인 감정이 드는 것도 공동묘지여서일 것이다. 이들 외에도 이곳에는 무수한 유명인이 잠들어 있지만 지금 우리 모녀는 산책하듯 묘지 사이를 걸어 다닌다.

영화 혹은 소설을 따라가는
여행도 한 번쯤

시칠리아 사보카

어느 해 가을 시칠리아에 가게 되었다. 와이너리 여행팀과 보르도를 다녀온 후 일 년 만이다. 포도밭이 눈에 들어온다. 포도를 와인 저장고에 다 넣은 후라 포도나무는 물이 들어서 바스라지기 직전의 마지막 아름다움을 가을 속에 남겨두고 있다.

11월의 시칠리아는 약간 제주도와 닮았다. 땅이 지상보다 한참 높은 곳에 있는 듯한 묘한 착각이 들었는데 높은 빌딩이 없이 사방이 확 트여서였다. 대지의 위대함에 압도당했는지 뜬금없이 가슴 밑바닥에서 뜨거움이 올라왔다가 사라진다.

시칠리아의 첫 느낌은 시골스럽고 낡은 트랜지스터 라디오 같다. 조상이 살고 있는 듯한 과거 같았다. 이곳의 사람들은 역사만큼 오래되고 그만큼 나를 배려해줄 것 같은 느낌이 들었는데 실지로 푸근하고 진심 있게 대해주었다. 가는 곳마다 주민들이 어찌나 친절하게 대해주는지 과장하자면 눈물이 나올 정도였다.

　카타니아에 도착해 한 밤 자고 현지 일일투어로 영화 〈대부〉의 촬영지 '사보카'로 갔다. 일행을 태운 봉고차는 바다를 끼고 달린 지 몇 시간 후 사보카에 들어섰다. 우뚝 솟은 절벽이 있는 산꼭대기 마을이다. 앞 배경은 지중해다.

　카타니아 주민이자 화산섬 지질학 연구자인 남성 두 분이 운전과 가이드를 맡아주셨는데 '투잡'이라고 한다. (우리의 리더께서 동시통역을 해준다.) 본업은 지질학자인데 정부에서 보조를 안 해줘서 부업으로 가이드를 한다고. 밀라노가 고향인데 10년 전에 시칠리아에 와서 이곳 여성과 결혼했다고. 시칠리아 여자는 질투가 강하고 사람 머리를 잘라 화분으로 쓴다며 지하무덤 벽에 걸린 머리화분을 설명해 준다. 애인 혹은 남편이 바람을 피우면 머리를 잘라 꽃을 심는데, 이것이 '무어인의 머리'이다. 배반당한 여자가 꽃을 심었다고. 정말 머리화분엔 풍성한 꽃이 꽂혀 있었다. 그러니 절대 바람피우면 안 된다는 농담도 빼먹지 않았다. 머리화분은 특히 타오르미나에 많았는데 기념품점이나 레스토랑이나 길거리에서 발에 치일 만큼 많았다.

　굽이굽이 골목을 돌아 올라가면 사그라질 듯한 산골마

을로 연결되고 처음 본 풍경이 나타난다. 폐허 같은 아름다운 마을은 계속 이어진다. 걷고 또 걷자 작은 교회가 나오는데, 교회 안의 구식 텔레비전에서 영화 〈대부〉가 나오고 있다. 알 파치노의 막내딸 코니와 카를로의 결혼식 장면이 반복해서 나오는 것은 이 교회에서 그 장면을 찍어서라고 한다. 나는 마치 영화 개봉 시기인 1977년으로 돌아간 듯 착시를 느낀다.

사보카는 현재도 영화 속 그 시절 같은 느낌이 들었다. 젊은이들은 대도시로 떠나고 노인들만 남은 산꼭대기 마을은 썰렁하기만 하다. 두세 개의 카페와 선물가게는 파리를 날리고 드문드문 관광객이 탄 봉고차가 도착하면 그들은 내 여정과 똑같은 코스를 돌며 반나절을 보낸다.

레트로 느낌 그대로인 마을의 굽이진 골목길은 아름다웠다. 비탈진 담벼락에 기대 바다를 바라본다. 가슴을 아리게 하는 쓸쓸한 풍경 앞에서 나는 잠시 심호흡을 한다.

우리 일행은 봉고차를 타고 세상에서 가장 아름다운 극장인 타오르미나의 그리스 극장을 향해 달려가는 중이다.

타오르미나로 가기 전 산꼭대기 마을에 있는 '모디나 와이너리'에 들러 점심을 먹기로 했다. 비가 부슬부슬 내리고 있어서 차창 밖은 안개에 점령당해 풍경을 볼 수가 없다. 내가 그토록 바라던 '이솔라벨라' 해변을 지나가기에 차를 세워달라고 부탁해 놓았다. 머무를 수 없다면 지나가는 길에 좀 내려다보자고. 타오르미나는 생각보다 멀어서 이솔라벨라를 내려다보는 포인트에 차를 세우지 못했다. 여행은 예상대로 되지 않음을 알기에 나는 재빨리 포기해버린다. 다음에 또 올 이유를 만들며 너그럽게 체념한다.

모디나 와이너리에서 점심시간을 너무 많이 가졌다. 음식이 하나씩 나오고 와인 병을 비워가며 세 시간 가까이 보냈다. 식사를 하면서 대화를 즐기는 그들의 문화를 잘 안다. 더구나 밖은 비가 부슬부슬 내리니 일행들 마음이 이완돼 있었는지도 모르겠다. 누구 하나 재촉하는 사람 없이 느긋했다. 나만 조급한 듯해서 뭐라 말할 수도 없었다. 3시가 넘어서야 각자 와인을 사서 출발했다. 타오르미나에 도착하고 그리스 극장 입구를 향해 달려갔다. 아저씨 두 분이 커다란 철책 문을 양쪽에서 닫고 있었다. 떼창처럼 외쳤다. 4시 20분이 넘어가고 있었다.

"제발 들어가게 해주세요, 플리즈."

4시 반이 문 닫는 시간이라고 하며 들은 척도 안 하고 매몰차게 문을 닫아버린다. 미쳤어. 오 마이 갓! 그렇게나 바라고 바라던 그리스 극장에 앉아 바다를 바라보는 잠깐의 순간은 물 건너갔다. 나는 속으로 욕을 하며 다짐했다. 다음번에는 혼자 와야지, 하고.

발길을 돌려 코르소 움베르토 거리를 올라가 언덕의 광장 끝에 서서 이곳에 온 모든 여행자처럼 이오니아 바다 끝에 매달린 석양의 장엄함을 바라봤다. 오늘 하루 엔딩을 장식하는 광경이었다. 그새 비는 그치고 석양은 선홍빛으로 붉게 물들어 있었다. 짧은 일몰을 보내자 급하게 어둠이 장악하기 시작했다. 우리는 이동하기 위해 야경을 등지고 차를 향해 분주히 걸어갔다.

타오르미나는 며칠 묵으며 머물러야 하는 곳인데 짧은 여정이 무척이나 아쉬웠다. 이곳에 다시 올 이유가 더욱 분명해졌다.

이스탄불의 순수 박물관

어떤 일은 꿈처럼 일어나기도 한다. 나는 꿈을 가지고 있으면 꼭 실행하게 된다는 낙관론이 있다. '꿈은 꿀수록 그 꿈에 더 가까이 다가가는 것'이라던 어느 마술가의 말을 믿는다. 원하면 이루어지는 것, 생각보다 일찍 기회가 왔다.

이스탄불에 가면 오르한 파묵이 직접 세운 소설 『순수 박물관』 속 뮤지엄에 가보고 싶었다. 시칠리아에 가기 전 이스탄불에서 환승하며 며칠 머물렀는데, 내가 묵은 호텔에서 걸어서 20분 안팎의 거리에 있었다. 작가가 자비로 지어서

재현한 3층짜리 붉은 건물은 미로 같은 골목 깊숙이 숨어 있었다. 소설 속 여주인공 퓌순의 집터이기도 하다. 작가의 진한 애정처럼 건물도 짙은 붉은색이었다. 뮤지엄에 들어서자마자 놀라운 광경이 펼쳐졌다. 소설 속 여자가 생애에 만지고 피우고 걸치고 쓰고 소비한 모든 물건이 전시되어 있었다.

심지어 침실까지도 제작해 놓았고 여주인공이 몸에 걸친 장신구도 어마무시하게 많았다. 소설 속 주인공이 연인의 물건을 하나씩 몰래 가져와 수집한 품목들이다. 실제로는 작가가 오랜 세월에 걸쳐 모았으리라. 상상을 넘어설 만큼 많은 양과 디테일한 품목에 다시 한번 놀랐다. 감탄을 넘어 가히 경탄스러울 지경이었다.

물건에는 한 남자의 추억과 순애보와 절대 사모가 들어 있었다. 한 사람만을 열렬히 사랑하며 평생을 보내기란 쉽지 않을 터인데, 소설 속 남자는 열렬하고 순정하게 일생을 한 여자에게 올인한다. '적어도 사랑이란 이런 거야'를 보여주는 모델 같은 러브스토리로 읽힌다.

오르한 파묵은 자신의 '최애 작품'이 뭐냐는 물음에 『순수 박물관』이라고 주저 없이 말했는데, 그의 자유로운 사상, 연애, 탐미에 감탄한 대목이다. 연인을 기억하기 위해 박물관을 지어 연인의 물건을 모아 추억하는 것은 어쩌면 가장 아름다운 집착이라는 생각을 하며 박물관을 둘러봤다. 소설이 므로 가능한 일이라는 생각을 동시에 하면서도, 상상을 현실로 옮긴 작가가 대단해 보였다.

　오래전 『순수 박물관』을 읽으면서 그토록 아름다운 한 남자의 순정에 전율을 느꼈다. 상대를 갈구하면서도 쉽게 사랑을 버리고 바꾸는 요즈음 세태와는 달리 소설 속에서나 가능한 사랑법이라고 말하고 싶지는 않다. 누군가는 지금 이 순간 한 여자를, 한 남자를, 상대를 간절히 사랑하고 있을 것이므로.

베르겐의 그리그 생가

　아주 추운 겨울날 내가 찾아 듣는 음반 한 장은 노르웨이 베르겐 음악가 '에드바르 그리그'의 〈솔베이지의 노래〉가 들어 있는 CD다. 아주 추운 겨울날 딱 어울리는 곡인데 순전히 내 생각이다. 내가 가지고 있는 건 피아노곡 모음집이다. 그리그의 음악은 여러 악기로 연주되고, 가수가 부른 노래도 있다.

　노르웨이 베르겐에 갔을 땐 5월이었는데도 아직 겨울이었다. 베르겐 시내를 둘러보고 그리그 생가로 향했다. 호숫가에 있는 그리그 생가는 입구부터 양옆으로 너도밤나무가 터널을 이루고 있어서 예사롭지 않았다. 나라에서 그리그 생가를 복원하면서 조성한 너도밤나무 길이라고 한다. 마치 뭉크나 고흐의 그림을 연상케 하는 구불구불한 나무 숲길이 매력적이었는데 그 나라 사람들의 안목에 감탄했다.

생가에서는 연주회도 열리는데 그날은 일정에 없었다. 생가를 둘러보고 그리그의 실제 키와 똑같이 만든 동상도 보았다. 무척이나 예민했던 그가 작업했던 오두막도 둘러보고 묘지도 가본 뒤 다시 생가로 가서 나는 음반 한 장을 샀다. 무엇을 골라야 할지 몰라 파시는 분의 도움으로 피아노곡을 샀는데, 집에 와서 보니 그리그의 베스트 곡이 다 들어 있었다. 〈솔베이지의 노래〉는 슬픈 곡이고 그리그는 노르웨이 국민 작곡가라고 고등학교 때 배웠던 기억이 난다. 그의 피아노곡은 회상에 젖기에 딱 좋다. 슬프면서 감미로운 곡은 묘한 자극을 줘 마음을 뒤흔든다. 겨울이면 이 앨범이 생각나는데 너무 많이 들어서 CD에 구멍이 뚫릴 정도다.

생가를 둘러볼 때 날씨의 변덕이 예사롭지 않았다. 햇살이 났다가 우박이 쏟아졌다가 천둥이 요란히 치며 장대비가 쏟아지다 그쳤다. 북유럽 특유의 변화무쌍한 날씨를 한나절에 다 경험했다. 나는 이 장면을 내 소설 「풍선을 불어봐」에 묘사했다.

흰 햇살과 바람으로 기억되는 그리스

그곳의 바람은 참 예쁘다. 은유적으로 표현하면.

그늘에 가면 살짝 한기가 돈다. 여름의 지중해성 기후는 강렬한 햇빛에 피부가 타버릴 것 같지만 그늘에만 가면 시원하다. 바람이 무슨 예술 같다. 피부에 닿았다 스쳐 가는 바람이 그토록 실크처럼 부드러울 수 있을까. 내 몸을 간질이고 희롱하는 것 같다. 바람의 희롱을 당하는 여기는 그리스다. 부드럽고 시원한 바람을 맞고 있으면 스르르 골목의 담벼락에 기대 잠이 들 것 같다. 그러니 내 몸은 여행을 햇살과 바람으로 기억한다.

아테네는 직항편이 없어서 이스탄불을 경유해야 하는데 마침 운 좋게 '여름 휴가철 반짝' 항공편이 D항공에 있었다. 인천-아테네 직항은 여행자에겐 환상적인 기회였다. 다른 때보다 더 신나서 나와 딸은 더위가 절정인 8월 1일 비행기를 탔다.

　가장 무더운 때라서 한낮엔 40도까지 기온이 올라가고 구름 한 점 없이 맑은 날이 계속되었다. 모넴바시아, 나프폴리온, 수니온 곶의 포세이돈 신전으로 가는 길의 바다는 아름다웠다. 스파르타는 이유도 없이 강렬한 기억으로 내 머리에 저장되었는데 식당 마당에서 따 먹은 포도와 땡볕의 소나기 탓 같기도 하다. 집에 와서 보니 그리스에서의 일정은 꿈처럼 비현실적인 아름다움으로 남았다. 강렬하게 각인된 꿈의 한 부분처럼 말이다.

　그리스는 내가 가본 어느 나라와도 달랐다. 역사시간에 배웠던 유적지는 오랜 과거처럼 존재하고 있어서 지금의 상황이 맞나 싶은 착각이 들 정도였다. 주민들도 과거를 그대로 둔 채 현재를 살아가고 있었다.

　그리스에는 폐허 속의 아름다움이 있었다. 내가 막연히 알고 있는 느낌과 이처럼 똑같다니, 하고 놀랄 정도였다. 도시들은 황량한 가운데 멋스럽고 단조로운 느낌인데, 나는 '그리스적'이라고 표현하고 싶다. 산에는 돌과 야생 올리브나무 말고는 아무것도 없다.

　영화나 여행 책자에서 봤던 층층이 지은 흰 집, 약간 야성적인 여성들, 그들의 거칠고 검은 머리칼과 검고 짙은 눈썹, 쏠 듯이 강렬한 남자들의 눈빛. 그 눈빛은 너무도 강해서 약간 부담스럽기도 했다.

어디선가 들은 농담 한마디.

"그리스에서 남자가 레이저를 쏘면 구애하는 거라고, 맘에 들어 내 쪽에서도 레이저를 쏘면 눈이 맞은 거라고, 그때부터는 사귀면 된다고."

그리스는 어딜 가나 아침부터 카페 앞에 죽 둘러앉아 차를 마시며 담소 나누는 남자들을 보게 된다. 튀르키예에 가서 본 것과 똑같은 풍경이었다. 시골로 갈수록 더 그렇다. 그 자리에 여자는 없다. 알고 보니 오스만 제국 지배의 영향이라고 한다. 튀르키예에 처음 갔을 때 충격을 꽤나 받았던 기억이 있다. 상점이든 어디든 남자뿐이었다. 도대체 여자들은 어디 있는 걸까. 이스탄불에선 못 느꼈는데 이스탄불을 벗어난 지역에서는 여자들이 보이지가 않았다. 이슬람 역사를 알고 나선 이해가 되었다.

그리스는 여름이면 나라 전체가 유도화라 불리는 협죽도와 붉거나 흰 부겐빌리아 꽃이 거리를 점령한다. 눈이 어지로울 정도로 압도될 듯 열정 넘치는 붉은 꽃들이 하늘거린다. 그 나라에서 유도화나 부겐빌리아는 너무나 흔하다. 부겐빌리아는 흐드러지게 주체할 수 없이 꽃송이를 매달고 끝없이 늘어져 있다. 선명한 붉은 꽃은 이국적이어서 다른 나라에 왔다는 황홀감을 부추긴다. 꽃 이파리는 너무 가벼워 무게마저 못 느낄 듯하다.

유럽이지만 서유럽과는 풍경이 달라서 그리스를 떠날 때쯤엔 완벽하게 개성적인 그 나라에 푹 빠져버렸다. 그리스만의 야생적인 풍경에 매료되어 나중에 '그리스 섬 여행' '그리스 내륙여행' 두 콘셉트로 다시 오면 좋겠다는 생각이 들었다. 버스 차창으로 보이는 바스라질 듯한 돌무더기와 바위만이 전부인 얕은 산을 장악한 야생 올리브 나무 풍경은 끝없이 이어져서, 영화 〈올리브 나무 사이로〉의 풍경 같았다. 그리스는 예전에 로마 제국이 지배하고, 또 오스만 제국이 400년가량 지배해서 두 문명이 공존하는데, 유럽과 아랍이 믹스매치된 풍경에 그리스적의 독보적인 아름다움까지 있었다.

여행 중간, 하루 종일 배를 타고 간 산토리니에서는 이아마을의 조용한 바닷가 동네에서 하룻밤을 묵었는데, 이 날이 강하게 기억에 남았다. 마당에 수영장이 있는 주택 이 층이었다. 베이지색이 칠해진 집 벽 모든 창문에는 파란 덧문이 있고 싱크대 상판은 정갈한 연회색 타일로 덮여 있었으며 싱크대는 옅은 우드톤이었다. 방은 언제 이런 곳에 자보겠냐는 생각이 들 정도의 빈티지풍 인테리어였다. 방바닥은 멋진 그림이 들어간 타일 바닥이었다. 휘 둘러보니 방 안의 모든 집

여행하는 동안

기가 풍상에 닳은 느낌을 주지만 낡지는 않았다. 오히려 트렌디하다. 그것들에 마음을 다 빼앗겨서 오래도록 보고만 있어도 좋았다. 하여간 지금 시대 물건은 아니다. 인테리어된 방 안의 모든 것이 마음을 홀렸다. 당장 내 방을 이렇게 하고 싶을 만치.

밤이 되자 바람이 부는지 밤새 문고리가 흔들리고 덧문이 덜컹거렸다. 자다 깨다 하면서도 제인 오스틴의 소설처럼 몹시 감상적이라는 생각이 들었다. 그 소리는 어릴 때 살던 집 뒤란의 대나무 숲을 연상시켰는데, 지금 돌이켜보면 참으로 추억 같은 방이다.

다음 날 아침에 딸은 마당 수영장을 독차지하고 수영을 했고 나는 수영장 턱에 앉아 발을 담근 채 여유롭게 한때를 즐겼다. 그럴 수 없이 한가로운데 주인아저씨가 우리를 웃기려고 플라스틱 악어를 물에 띄웠다. 딸은 진짜 악어가 나타난 줄 알고 고함을 지르고 난리를 피웠다. 주인아저씨와 나는 공범처럼 마구 웃었다. 아침 먹고 걸어서 해변에 나가면서 살짝 들여다본 골목의 집들은 모두 수영장이 딸려 있었다. 저택인데도 수수해서 친근감이 들었다. 사람 하나 없는 아침의 해변에서 망망한 바다를 보는데 갑자기 정말 멀리 왔다는 생각이 들었다.

보르도 가는 밤 버스

드골공항에 새벽에 내렸다. 피곤해서 거의 죽을 지경이었다. 부산-베이징-파리로 가는 여정은 만만치 않았다. 게다가 베이징에서 환승 시간이 길어(68만 원짜리 부산-파리 왕복 에어차이나 요금은 세상에서 가장 싼 요금일 듯하다) 게이트를 나가 반나절 동안 베이징 시내를 돌아다녔기 때문이다.

이삼 일 잠도 못 자고 씻지도 못해서 온몸이 찝찝한 기분이었지만 파리에 도착하자 새로운 생동감으로 가슴이 마구 뛰었다. 베이징공항 샤워장에서 초간단 샤워는 했다.

파리 일일투어를 위해 자칭 '전라도 파리지앵'이신 40대 남자분이 마중 나오셨다. 보자마자 자기 차 자랑부터 하신다.

"한 번 봐 봐요. 이 차." 하며 잔뜩 잰 표정이다.

"어머나 세상에, 최고급 벤츠 6인용 럭셔리 차네요."

화답의 의무감으로 호들갑을 떨어준다.

"이 차 얼마짜리예요?"

이 정도 물어줘야 예의겠지?

"억 정도?"

그가 쿨하게 대답하며 말한다.

"제가 스케줄을 멋대로 짰어요. 일단 베르사유 궁전에서 시작하죠."

베르사유 궁전을 가봤던 터라 대강대강 둘러보고 나오니 점심 먹으러 걸어서 가잔다. 저 멀리 보이는 엄청나게 넓은 까마득한 숲을 가리키며 묻는다.

"저기 숲에 가서 현지 식으로 먹고 루이 14세 별궁들을 둘러보죠. 별궁은 안 가봤죠?"

베르사유 정원의 넓고 긴 길을 끝없이 걸어 숲의 식당으로 갔다. 어릴 때 읽었던 프랑스 소설에 흔히 등장하는, 학교 갔다 온 아이한테 엄마가 "사과파이 먹으렴" 하는 말이 떠올라 주문했다. 프랑스에 오면 꼭 먹어보고 싶었던 양파수프도. 세상에, 사과파이는 너무 달고 양파스프는 오목한 단지에 담겼는데 양도 많고 상상하는 맛과 많이 달랐다.

그랑 트리아농, 쁘띠 트리아농을 지치도록 걸어 다니며 궁과 정원을 지겹게 보고 시테 섬의 노트르담 대성당으로 갔다. 오후가 지나가고 있었다. 성당 안으로 들어가려는 줄이 길게 이어져서 나는 입장은 포기하고 인증 샷만 건진 뒤 세

익스피어 앤 컴퍼니에 들어갔다. 어쩌다 보니 여긴 두 번째 방문이다. 아기자기한 골목 같은 서점을 구경하며 영화를 떠올리는 시간은 짧지만 기분 좋았다. 에단 호크가 자신의 책에 대해 강연하고 줄리 델피가 지켜보던 장소를 지나치는 것만으로도 들뜨기에 충분하다.

    책 대신 에코백을 똑같은 걸로 두 개 사서 카페 야외 테이블에 앉는다. 커피를 마시며 느긋이 바라보고 느끼는 이곳의 공기, 분위기, 지나가는 사람들 보는 재미가 꼭 내가 현지에 사는 것 같은 착각에 빠지게 한다. 전라도 파리지앵에게 프랑스 남자에 관한 얘기 및 정보를 들으며 잠깐의 티타임을 가졌다.

    파리에서 정신없는 하루를 보내고, 마지막 시간까지 꽉 채워서 관광을 즐긴 다음 시외버스 터미널로 갔다. 보르도 가는 열시 반 출발 버스를 타기 위해서.

    캐리어를 짐칸에 넣고 좌석에 앉으니 사나흘 안 잤다는 생각이 든다. 반쯤 찬 승객들 대부분이 눈을 감고 있다. 아쉽다. 낮 버스라면 창밖을 바라보며 감상에 빠질 텐데.

    새벽 두 시. 버스가 휴게소에 선다. 쇼핑중독인 나는 커피를 한 잔 마시고 비몽사몽 얼떨떨한 와중에도 수첩을 하나 샀다. 차를 타며 보니 뒷좌석의 승객 대부분이 아랍인들로 보였다. 아마도 가난한 이민자들일 게 분명한 그들도 값이 싼 심야버스를 타고 이동하나 보다. 나와 같은 처지라는 생각에 연민이 든다. 여섯 시 반에 보르도에 내리니 여명이 트고 있었다.

자다르의 건반 해안에서

어느 오후 나는 바닷물이 찰랑거리는 계단에 앉아 있었다. 크로아티아 자다르 해안이다. 파도가 부드럽게 밀려왔다 밀려갔다. 파도는 순했다. 큰 틀에선 지중해에 속하는 아드리아해다. 저 바다 너머는 이탈리아겠다. 이탈리아 어디쯤일까, 지도를 머릿속에 그려보지만 잘 모르겠다. 이탈리아와 발칸반도 사이에 푹 들어간 바다가 아드리아해다. 물이 계단에 차올라 찰박거린다. 밀물 때인 모양이다. 계단 밑은 물에 잠겼다. 아까부터 부웅부웅 또는 지이잉 소리가 계속 울리고 있다. 바다사자 울음소리라고 한다. 계단 속에 파이프오르간을 심어놓았는데, 그 후로 관광객들이 몰려오기 시작했다고 한다.

나는 계단에 앉아 바다 끝을 바라보았다. 아스라이 섬 형태가 보이지만 확실치는 않다. 하늘과 맞닿은 바다인지 하늘인지 색깔이 분간이 안 간다. 색이 똑같다. 하늘에는 구름이 없다. 이곳의 여름은 구름도 자취를 감춘다고 한다. 그만큼 화창하고 건조한 날씨가 이어지기 때문이다.

친구와 둘이 온 처녀가 "건반계단에선 피자와 맥주를 먹어야 한대요. 여기 오면 다들 그렇게 한다네요." 하며, 사러 갈 건데 우리도 같이 갈 건지 물었다.

"아 맞아요? 당근이죠."

딸과 나도 피자와 맥주를 포장해 들고 건반계단으로 왔다. 피자 한 조각을 들고 곁들여 맥주를 마시는 커플들이 드문드문 눈에 띈다. 자다르에선 바다를 바라보며 피자와 맥주를 먹어야 한다고 여행 잡지에서 봤던 기억이 뒤늦게 떠올랐다. 저들과 나는 이제는 유명한 전설이 된 행위를 따라 하고 있는 중이다.

예컨대 모로코나 크로아티아나 빛바랜 도시에 가서 빈티지 골목을 헤매는 것은 과거 속에 머무르는 일이다. 그곳에 간 여행자라면 색 바랜 머플러 하나쯤은 사서 목에 둘러야 한다. 아까 건반 해안으로 걸어오는데 천막상인들이 기념품을 팔고 있었다. 나는 시든 귤색 머플러를 사서 목에 둘렀다. 집에 가면 사 온 줄도 모르고 잊어버리면서도 여행지에서는 늘 그렇다.

길 끝까지 이어지는 노점상들이 점령한 천막에는 갖가지

호기심을 불러일으키는 물건들이 있었다. 관광지는 어디 가나 똑같은 것을 파는 기념품가게가 늘어서 있는데 여기라고 다르지 않았다. 똑같지만 조금씩 다른 품목들. 에코백과 술이 달린 가짜 세무 크로스백과 조악한 장신구들, 슬리퍼, 카펫과 러그로 불리는 깔개들은 질서 없이 쌓여 있다. 배 나온 아저씨는 내가 만지기만 하다가 사지 않고 발길을 돌리니 디스카운트를 외쳤다. 나는 슬며시 돌아가 "기브 미" 했다.

크로아티아를 둘러보고 느낀 점은 이탈리아 시골 같다는 거였다. 이탈리아는 이탈리아답게 그들만의 유니크한 화려함과 웅장함과 특유의 매력적인 자연이 공존하는데 크로아티아는 해안가에 몰려 있는 작은 도시들이 소박하고 약간 거친 게 매력으로 보인다. 내륙으로 들어가면 훼손되지 않은 자연 그대로가 느껴지는 푸른 숲과 돌산과 초원이 있는데, 평화로움 그 자체다. 휴게소에 들렀다가 길 건너 초원의 풀밭에서 사진을 찍으면 흰 햇살이 뷰파인더에 들어가 있다. 크로아티아에는 다시 가고 싶게 만드는 무언가가 있는데 그것은 거기에 사는 그들의 소박하고 상냥한 배려 때문이다. 아직 여행지에 있는데 다시 오고 싶다는 생각이 드는 것은 그만큼 여기가 좋다는 뜻이다.

나를 찾는 것

잘 살다가도 이게 뭔가 싶을 때가 있다. 이 나이 되도록 이뤄놓은 것도 없고, 애들은 저 혼자 큰 것마냥 자기 세계를 찾아 떠나버리니 혼자 남은 느낌이 강해진다. 그 세월 뭐 하고 살았을까. 아슬아슬하게 평정심을 유지하고 있다가, 나도 모르게 자기혐오에 빠질 때가 있다. 갱년기 탓을 해서 무엇 하랴. 우울감은 재발하면 약도 없다더라, 어디선가 들은 말이다.

갱년기는 내게도 뜻밖의 것을 남겼다. 무기력은 감당이 안 되고 떨치고 일어나서 움직여야 된다는 건 생각뿐, 몸은 신호가 없다. 절인 배추처럼 시들어가고 있는 건 아닐까?

나도 꿈이 있었는데, 그 꿈이 뭐였더라. 어떤 꿈들은 세월에 밀려 꿈인 줄도 잊고 빛이 바래서 사라지는 모양이다.

정신적 기근이 심해질 때 떠나는 여행은 큰 힘이 되었다. 그곳이 어디든, 여행에서 다시 일상으로 돌아오더라도 버틸 수 있는 에너지가 생겼다.

여행을 하면서 '나'의 존재가 너무나 미약함을, 보잘것없음을 순간순간 느꼈다. 대신 자연의 소중함을 더 깊이 알아갔다. 어딘가로 떠나면 모든 것을 잊을 수 있어 좋았다. 잡다한 것들은 머리에 떠오르지 않았다. 촛불처럼 위태롭게 흔들리던 마음도 평온해졌다. 여행은 내가 몰랐던 나를 발견하는 기회가 되었다.

여행을 떠나면서 사람들은 흔히 '나를 찾으러'란 말을 쓰던데 나는 좀 이해가 안 갔다. 여행 가서 새로운 것을 보고, 느끼고, 즐기고, 탐험하고, 먹고, 사고, 깨닫고, 쉬고 오는데, 왜 굳이 나를 찾는다는 말을 쓸까. 인생이 소비이듯 여행도 소비인데 즐기다 오면 될 것을. 아마도 여행의 흥분 뒤에 살짝 멋부림의 메타포를 넣고 싶어서가 아닐까, 하고.

그렇게 처음엔 '나를 찾으러' 여행 간다는 말이 이해가 안 갔는데 아하, 나도 새로운 곳에 가면 '자아'가 깨달아지는 새로운 경험이 생겼다. 낯선 곳에 툭 떨어져 하룻밤 자고 나면 '나'의 속마음이 무엇을 원하는지, 제대로 어떤 걸 해야 할지, 앞으로 어떻게 살아가야 할지, 가족은 내게 어떤 의미인지, 지금 하는 이 일을 진정 내가 원하는지, 떠나온 곳의 환경과 정서가 왜 안 맞았는지 살짝 감이 잡혔다.

낯선 도시에서 혼자 우두커니 모르는 사람들 속에 섞여 있다 보니 나도 모르는 어떤 것이 슬그머니 튀어나와 내 안의 정체성을 다시금 돌아보게 되는 것이다.

여행지에서 이동을 할 때, 버스나 기차를 타면 유리창에 얼비친 내 모습이 새삼스레 보인다. 내가 맞나? 내가 이렇게 생겼나? 리얼하게 비치는 내 모습을 보고 살짝 실망도 하며 이런저런 생각을 하다가 돌고 돌아 결국 내 인생의 주인공은 난데, 하는 결론에 다다른다. 그리고 나서 집에 가면 삶의 키를 어디에 둘지 감이 잡히곤 했다.

내 생각대로 밀고 나가다 어떤 지점에 이르러서야 이건 잘못된 선택이었다는 자책이 들 때가 있다. 이미 돌이킬 수 없게 되고 돌아가기에는 너무 늦었다고 믿어버리는 것, 혹은 광대한 우주 속에서 나 자신만 바라보느라 타인의 조언을 구할 수 없었다는 것, 등등이 있다.

너무 늦었더라도 곰곰이 생각해보면 "그래, 지금이라도 수정하는 게 낫지, 완전히 새롭게 시작하는 것보다. 전혀 안 하고 고민만 하는 것보다"로 수정을 할 결심이 생긴다. 거기에 보태서 자기반성을 할 시간도 생긴다. 낯선 곳에 와서 곰곰 돌이켜보면 "내가 그때 그래서는 안 되었어" 하며 나를 돌아보게 되는 거다.

운전대를 잡고 내가 원하는 곳으로 가듯 인생에도 핸들

링이 필요할 때 나는 여행의 힘을 빌린다. 여행을 하면서 나를 비우고 그리고 나를 채우고 돌아온다. 그러니 여행은 '나를 찾으러'가 맞다.

여행, 자유로워지고 싶은 갈망으로부터

 어느 날 집에 혼자 있는데 그날따라 무료했다. 갈 데도 없고 멍하니 앉아 있다 저녁이 되어 식구들이 오기 전 밥을 했다. 내 인생, 영원한 밥순이에서 밥순이로 끝날 것 같다는 예감에 밥 하다 말고 울컥했다. 내 자신이 쭈글스럽게 느껴졌다. 내 인생 뭐지, 아직 사십 대인데 이대로 밥만 하고 살아야 된다면? 절망감 위에 절망감이 겹쳤다. 나는 책 읽은 것을 무기 삼아 소설을 쓰기 시작했다. 그러자 뭔가 새 삶이 보이기 시작했다.
 밥을 하던 어떤 순간, 잊어버리고 있던 내 과거가 생각난 것이다. 바로 잃어버리고 돌보지 않던 과거였다. 밤새워 책을 읽고 혼란스러운 방황 속에서 자아를 깨우쳐가던 젊은 날의 내가 떠올랐다. 기묘한 상상 속이 아니라 실제로 내게 있었던 일이었다. 나는 그리워졌다. 그 시기 함께했던 열정과 원대함, 친구와 모든 것이 그리웠다. 그래서 다시 뭔가를 해야겠다고 생각했다. 그것은 글을 쓰는 것이었다. 인생의 전부를 글을 쓰고 싶지만, 나는 주부의 정체성이 먼저여서 부캐릭터를 소설가로 잡았다. 소설이라면 어쩌면 가능할 것 같았다.

주부의 도돌이표 일상은 허무 플러스 무력감, 왕년의 꿈 같은 건 있었는지도 모른 채 지나간다. 존재감이 약하고 그럴듯한 직업에 비해 좀 한직 같은 느낌을 주는 '주부'라는 타이틀은 나를 위축시킨다. 충분히 노동을 하고 있지만 월급이 없으니 자존감이 떨어지는 현상이다. 능력이 없는 자존감 낮은 아줌마로 사는 건 썩 유쾌한 일이 아니다. 다른 주부들도 그럴까?

어느 해 남편이 성과금을 받았다며 유럽 여행을 가자고 했다. 그 여행이 잠재된 나의 욕망에 불을 붙인 계기가 되었다. 여행을 통해 삶의 고민과 미해결, 어쩔 수 없이 벌어지는 관계의 갈등에 대한 해답과 치유까지도 해결할 수 있는 단초를 마련했다. 여행을 통해 나는 그것을 알게 되었다. 떠나서 느끼는 자유는 웬만한 것도 용서하게 만드는 것 같다. 그만큼 여행의 가치는 크다.

여행은 돈이 드니 평소에는 아끼고 절약하며 살고, 심적 치료의 개념으로 여행에 아낀 돈을 투자하는 마인드가 되었다. 집을 나서는 순간 잔걱정은 제로가 된다. 그 걱정, 가져도 놔둬도 항상 같다. 변할 수 없는 상황은 애면글면한다고 해결되지 않는다는 걸 안 건 아줌마로 살면서부터다. 아줌마가 되고 인생 통찰력 같은 게 생겼다. 예전에 '아줌마의 힘' 같은 마인드가 유행한 적이 있다. 아줌마는 다소 뻔뻔하고 생활력 강하고 자기주장 강한 긍정마인드 여성을 이르기도 하지만 묘하게 비하하는 단어로도 읽힌다. 개인이면서 집단이니 싸잡아 말해 그런 느낌이 드는 것 같다. '아줌마 상'은 정하면 안 된다. 짧은 커트머리에 안경을 쓰고 펑퍼짐한 옷을 입고 다니는 흔한 캐릭터, 그 안에 숨겨진 진정성은 보려고 해야 보인다.

한국의 '아줌마aunty' 단어는 영국의 사전에도 올라가 있다는 말을 어디선가 읽은 적이 있다. 나는 세상을 관조하는 여유가 생기는 힘이 '아줌마' 캐릭터 안에 있다고 믿는다.

여행은 자유로워지고 싶은 갈망에서 비롯된다. 나는 나 자신의 스위치를 스스로 올리고 내리며 살고 싶다.

내 안의 것을 어쩌지 못할 때

 내 안의 것을 어쩌지 못할 때가 있다. 일주일 동안 집콕하며 지내다 보면, 침대와 한몸이 되어 뒹굴며 이런저런 번잡한 생각에 빠져든다. 그러다 보면 꾸물꾸물 이어지는 생각의 끄트머리를 비집고 개똥철학이 슬며시 삐져나온다. 지나온 생이 시시하고 우스워진다. 때론 살림만 하고 애 키우면서 나이 먹어버린 나 자신이 실망스럽고 가여워진다. 고민은 알 수 없는 분노가 치미는 걸로 끝난다. 분노는 누구에게 향하는 건지, 그냥 분하고 억울하다. 이렇게 산 나한테 하는 헛소리다.
 돈 아낀다고 지지리 궁상 떨고 산다는 생각에 하루는 보풀이 인 티셔츠 쪼가리를 마음먹고 내팽개쳤다가 돌아서 다시 주워 들고 있다. 이게 나인 것이다. 다 못한 공부가 아쉬워도 아쉬운 마음뿐, 더는 어쩌지 못했다. 언제나 현실이 먼저였다. 마음만 있을 뿐 현실은 냉혹했다.

"어쩌다가 이 나이가 돼버렸을까. 너무 나이 먹어버린 건 아닐까?"

이런 맘이 들 때 나는 가방을 꾸려 어딘가로 떠난다. 아니 가버린다. 다시는 돌아오지 않을 것처럼.

"그래, 그냥 떠나버려."

자신에게 외치며.

내일 무슨 일이 일어날지 모른다. 살아보지 않은 앞날을 무슨 수로 알겠는가. 그러니 내가 살면서 알게 되는 것, 살아봐야만 알고 느끼고 배우는 것. 이웃이 교통사고를 당하고, 암을 앓고, 화재가 나고, 뜻하지 않았던 일들이 벌어진다. 우리는 모두 미증유의 시간 속을 살고 있다.

간이 작은 아줌마인 나는, 그래도, 하면서 다시 따지다가 과감히 먼 곳으로 떠나지 못하고 집에서 가까운 근교로 소심하게 떠난다. 노트북과 책과 반찬과 쌀과 라면을 챙겨서.

때론 운문 휴양림, 거제 휴양림 같은 싼 숙소나, 남해의 펜션에 일주일 정도 혼자 가 있곤 한다. 참 여유롭다. 오롯이 나만을 위해 살던 시절, 다시 처녀 때로 돌아간 느낌이 든다. 하루 종일 하는 거라곤 노트북 펼치고 글 쓰고, 책 보고, 밥 해 먹고, 드라이브하는 것이 다인데 시간이 빠르게 간다. 충만하다. 며칠 지나자 누굴 부르고 싶은 마음이 생긴다. 올 만한 친구나 후배한테 전화를 한다.

"와서 하룻밤 지내고 가. 방도 있으니."

"그러고 싶어."

말은 그렇게 하면서도 내가 떠나는 날까지 그녀들은 오지 못한다. 밥은 누가 하고? 남편 눈치가 보이네. 제사 있어. 아들이 온다네. 핑계도 가지가지다.

일주일이 되자 집 걱정이 된다. 수시로 카톡이 온다.

— 엄마. 왜 이렇게 늦게 와? 맨날 똑같은 반찬 지겨워. 시켜 먹는 것도 질렸어.

뭐가 부족하거나, 없거나 할 때만 그들은 내가 필요한가 보다. 슬며시 죄의식이 고개를 든다. 카톡에 답장을 한다.

— 알았어, 갈게.

짐 챙겨 집으로 가는 길은 그래도 만족스런 마음이다. 며칠 이렇게 있다 가면 다시 활력이 솟고 에너지가 생기니까. 그러니 한 번씩 떠나볼 일이다.

혼자서 여행, 그것 참 좋더라

혼자 영화, 혼자 밥, 혼자 술, 혼자 등반, 혼자 쇼핑 그리고 특히 혼자 여행.

혼자 여행하는 횟수가 늘어나니 그것처럼 좋은 것도 없다는 데 생각이 다다른다. 혼술 혼밥 혼영처럼, 혼여도 해보지 않고는 알 수 없는 법. 가보지 않고는 그곳이 어떤지 모르고 해보지 않고는 알지 못하며, 그 책을 읽지 않고는 말할 수 없는 것처럼, 혼자 떠나보지 않고는 그 느낌을 알 수 없다.

언젠가부터, 나는 혼자 떠나게 되었다.

항상 혼자인 나를 바랐지만 실천하기까지는 꽤 오래 걸렸다. 간직한 용기를 내자 완벽히 자유로워진 내가 자각되었다. 뒤늦게라도 알아차렸으니 다행이다.

스스로 수줍음이 많고 몽상가라고 생각한 나는 수십 년 동안 틀에 갇혀 살았다. 아무도 내게 틀에 갇히라고 요구하지 않았으니 내 탓이었다. 뻔한 걸 싫어하지만 하다 보면 뻔해져 있고, 남들이 깔아놓은 길로 가지 않으려 했지만 나도 모르게 가고 있었다. 내가 사는 좁은 동네를 벗어나고 싶지만 여전히 변함없이 살고 있고, 내가 처한 상황이 부조리하다는 걸 깨닫지만 용기 내 대응하지 못했다. 살다 보면 젖는 줄도 모르고 타성에 젖어버린다. 아무도 내게 사는 법을 가르쳐주지 않는 건 당연한 거고, 그걸 알지만 용기가 부족했던 게 문제였다. 좀 더 자유롭게, 도발적으로, 의도적이지 않게 살고 싶었지만 마음속에서만 가능했다. 어느샌가 벽은 더 높아졌고 나는 갑갑해서 견딜 수 없었다. 탁 터져버리기 일보 직전, 나는 감행해버렸다. 너무 늦었지만, 그래도, 지금이라도, 하는 생각이 들었다.

혼자만의 계획을 짜고 혼자 떠나, 혼자 먹으면서 음식 사진을 찍어 인스타에 올리는 그런 여행을 한 건 오래되지 않았다. 나를 드러내는 걸 좋아하지도 않을 뿐 아니라 성격상 몰래 살짝 갔다 오는 게 편하기도 했다. 가는 곳마다 인스타에 올리는 부류를 혐오했다. 어느 날 끊임없이 올리는 사람의 심리를 따라가다 보니 조금씩 이해가 됐다. 외로워서, 공유하고 싶어서 그런 것이라는 걸.

편협한 생각 끝에 나도 한번 해보기로 했다.

"어차피 혼자 가니 이런 재미라도?" 해서였다.

사진 찍어 올리는 행위를 하자 재미가 붙었다.

누구나 혼자를 원하지만 곧 필요한 누군가 나타나기를 바라게 된다. '혼자 있기를 원하지만 막상 혼자가 되면 누군 가가 그리워지는 것'은 이중적 마음의 아이러니다. 나 또한 그랬다. 옆에 누가 있으면 걸거치고 없으면 허전한 것, 아마 도 이것은 사는 한 영원한 투덜거림일 것이다.

그렇다면? 자신에게 쏘는 선물로 여행을 간다. 너무 많 이 쇼핑할 때 핑계 대는 말로 '열심히 일한 나에게 주는 셀프 선물이야' 하듯이.

첫 시작은 베네룩스 패키지 팀에 혼자 낑겨 간 여행이었 다. 국내여행은 혼자서 무지 했지만 해외는 처음이었고, 내 나이 사십 대 때다. 스무 명쯤 있는 팀이었는데 남자 두 명이 각각 혼자 왔고 여자 세 명이 각각 혼자 왔다. 여행이 중반에 접어들 때였다. 혼자 온 그녀 성희 씨와 친해졌다. 성희 씨와 친해지고 나서 많은 이야기를 나눴다. 속에 쿡 처박은 감정 을 나누니 여행이 한층 재미있었다. 그녀와는 8년 넘게 SNS 로만 연락하며 지내다가 8년 만에 내가 서울 가서 만났다.

국내는 혼자서 잘 다닌다. 사실 국내는 혼자가 더 좋다. 심심한 적도 있는데 동행과의 번잡함에 비하면 심심하더라 도 혼자가 낫다. 혼자 차를 몰고 가면 풍경이 눈에 온전히 들 어온다. 동행이 있으면 얘기하느라 풍경도 놓치고 상대방에게 맞춘다고 신경 쓰여서 오롯이 눈에 안 들어온다. 어딜 갔다 와도 갔다 온 것 같지 않다. 둘 다 장단점이 있을 것이다.

혼자에 재미 붙이면 고독, 외로움 같은 것을 깊이 느끼며 탐닉하게 된다. 그걸 느끼며 내밀함을 즐기면 꽉 찬 마음의 어떤 상태가 된다. 갔다 오면 뿌듯한 걸 발견한다. 내 안의 어떤 부분을 새로 채운 느낌이다.

여행하는 시간은 자신을 이완하는 시간이다. 마음의 때를 미는 행위다. 찬찬히 돌아보는 시간이고 돌아보면 깨닫게 되고 마음속 멍울이 조금씩 치유가 되는 것이다.

공상

'물려받은 집에 살고 유산으로 받은 현금이 있고 취미로 책을 읽고 음반을 모으고 여가 시간에는 알뜰한 쇼핑을 하며 여유롭게 산다. 매인 직장이 없는 삶, 즉 놈팽이로 사는 것.'

빈둥빈둥 침대에 누워 천장을 바라보며 누구나 한 번쯤 이런 삶을 꿈꿔 봤을 것이다. 현금은 쓸 만큼 통장에 들어 있고(아주 큰 액수는 절대 아닌 아마도 일 억쯤?) 시간이 남아돌아서 여유롭게 옷을 코디하며 외출 준비를 하는 그런 삶 말이다.

공상은 때로 망상으로 치달아 그 허무맹랑함을 끝없이 즐기기도 하지만, 절대로 현실은 그럴 리 없음을 아는 나는 퍼뜩 정신을 차리고 일어나 밥을 물에 말아 먹고 알바 시간에 맞춰 허둥지둥 나간다.

버스에서 머릿속으로 계산해 보니 통장 몇 개에 찔러둔 돈이 꽤 된다. 안 입고 안 먹고 안 사고 욕망을 줄이고 줄여서 모은 돈이다. 꼬불쳐 놓은 돈은 내게는 꽤 거액이다.

언젠가 삶이 지겨울 때, 신물 나게 인생이 꼬일 때, 훅 떠난다는 망상 같은 꿈을 가슴에 품어두고 살았더랬다. 지금이 바로 적기. 변화 없이 일만 하고, 일상은 권태롭게 반복될 테고, 그러니 '지금 바로 이 순간'이라고 머리에서 스파크가 일었다.

생애 첫 유럽여행을 가기로 했다. 오랜 시간 벼르고 별러 여행 계획을 잡았다. 알바 인생, 미련 없이 버리고 싶은 순간이 수없이 많아도 간당간당 버티다 폭발 직전 과감히 감행한 것이다.

드디어 겨울을 넘기고 봄이 되면 오랜 꿈의 완성인 유럽여행이 목전에 도달한다. 상상만 해도 입이 벌어진다. 비용을 절약하기 위해 몇 달 전에 모든 걸 예약 완료했다.

몰타에서 7일 지내고 환승하는 빈에서 5일, 체코로 넘어가 4일 지내고 다시 빈 공항에서 헬싱키로 환승, 헬싱키에서 부산에 도착하는 일정이다. 인천 출발 비행은 열 시간이나 걸리는 데 비해 부산-헬싱키 여정은 비행 시간이 아홉 시간으로 환상적이었기에, 나는 핀에어를 선택했다. 이 정도 일정은 사장도 봐주기로 했다. 여행 다녀와서 복귀하는 걸로.

인터넷 뒤지고 뒤져 싼 비행기 표를 알아보다 3월 마지막 날 첫 취항하는 부산-헬싱키 구간, 핀에어 항공권을 구입했다. 여행 세 달 전, 여행 갈 생각만 하면 비실비실 웃음이 나왔다.

무지무지 추운 출근길 버스에서도 몰타와 빈, 체코 생각뿐이다. 옷도 좀 사고 면세점에서 살 유명 브랜드 백팩도 찜해 뒀다. 여행이 두 달도 안 남았다.
2월부터 심상치 않던 코로나19 문제가 심각함을 넘어 블랙아웃이 내 앞에도 닥쳤다. 전 국민, 아니 전 세계인이 피해 갈 수 없는 경악의 코로나 사태가 되어버렸다.
내 꿈은 산산이 부서졌다. 버스 안에서, 잠들기 전에 밤마다 여행지에 대해 공부하고 꿈꾸던 환상이 무너졌다. 핀에어에서는 이메일을 보내 왔다.

코비드19로 취항 연기, 환불해 드림

나는 박살 난 꿈을 생각할 겨를도 없이 매일 알바를 나갔다. 봄이 가고 있었다. 예정대로라면 긴 휴가를 내고 취항한 부산-헬싱키 비행기 안에 타고 있어야 할 날이었다. 매장은 손님이 확 줄어 사장은 정직원만 남기고 알바인 나를 잘랐다.

아름답지만 우울한 봄이 가고 여름이 왔다. 환불금이 안 들어와 연락한 핀에어에서는 환불하는 과정이 오래 걸리니 기다리시오, 하는 말만 반복한다. 새 일자리를 구하러 이리저리 알아보다 두 달을 놀았다. 다행히 새 일자리를 얻었다.

더위가 일찍 와서 유월 중순인데도 찜통더위로 힘이 들었다. 마스크로 얼굴의 반을 가리고 출근하는 길에 통장 정리를 해보니 아직도 환불금은 들어오지 않고 있었다.

잠이 안 오는 밤, 〈걸어서 세계 속으로〉〈세계테마기행〉을 연속으로 보다가 잠이 들고 말았다. 아침에 일어나니 유럽 어느 나라의 멋진 거리가 나오고 있었다.

7월 말이 되어서야 핀에어 환불금이 통장에 입금되었다. 몰타항공 요금은 10월에 입금되었다. 세상은 여전히 코로나가 지배하는 중이다.

과감히 떠나버려라

나는 전업주부여서 아침에는 항상 분주하게 살았다. 주말이나 일요일에도 집안일의 '무거운 책임감'으로 인해 늦잠을 즐길 수가 없었다. 일찍 일어나는 게 습관인 남편 때문이기도 하고 괜한 죄의식이 들어서이기도 했다. 이상한 주부만의 죄의식이다. 이미 하녀 노릇에 길들여진 내 몸은 알아서 자동으로 움직인다. 남편도 스스로 '촌놈이라서 아버지가 깨운 버릇' 때문에 일찍 일어난단다. 시골에서는 새벽에 일어나는 게 일상이니까.

남편은 일찍 일어나 시끄럽게 이 방 저 방 문을 열고 식구들을 깨우고 티비를 켜면서 어서 밥 달라는 신호를 보낸다. 그러니 '혼자 어딘가로 떠나보기'는 결혼 초부터 하고 싶은 것 1순위였다. 나를 깨우지 않고 방해하지 않고 나 하고 싶은 대로 며칠씩 머무르며 살아보는 것이 로망이 된 지 오래였다.

아이들이 어느 정도 크고 나는 작가가 되었다. 가끔 글 쓴답시고 휴양림이나 펜션에 혼자 갔다. 집안일을 제쳐두고 과감히 가버렸다. 그러자 집을 나가면 더 잘 써지는 이상한 병 같은 게 생겼다. 혼자 휴양림의 오두막 산장 한 채에 들어가 있으면 일주일도 모자랐다. 집 생각, 자잘한 걱정 따위 아무것도 안 났다. 나는 본래 혼자였던 것처럼.

이상하게 카페나 도서관에서보다 작업이 더 잘 되었다. 일주일을 한 잠도 안 자고 작업하고 책을 읽었지만 전혀 피곤하지 않았다. 한번은 열흘 동안 불면의 밤을 보냈는데 정말로 안 피곤했다. 이상한 열정이었다. 집에 와서 며칠을 쭉 뻗어버렸다. 열정도 여행처럼 내가 만들어야 하는 걸까.

집으로 오는 차 안에서 드디어 가족들이 걱정되기 시작한다. 집에 와서 보니 그들은 내가 있을 때보다 더 잘 먹고 잘 살며 자유를 마음껏 누리고 있었다.

나는 불평불만 대신 과감히 하고 싶은 것들을 해버렸다. 내 속성을 알기에 식구들은 나를 제쳐놓기 시작했다. 이것은 사실 상대방이 내 술수에 길들여진 것이다. 결국 내 뜻대로 되었다는 것이 중요하다. 식구들도 처음부터 그랬던 것은 아닌데 나의 몇 번의 행동으로 내게 져주면서 점점 이해하게 된 것 같다. 평소에 열심히 뒷바라지하는데 '어쩌다 한 번' 정도는 봐주게 된 것이다. 살림하는 일은 일평생 현재 진행형이다. 주부에게는, 어제는 어제의 일이 있고 오늘은 오늘 할 일이 있고 내일은 내일의 일거리가 생긴다.
"길들여라."
상대는 길들여지게 마련. 한번 과감해지면 식구들도 알아서 체념한다. 떠나지 못하고 불평불만을 쏟아내는 것도 결국은 내 문제인 것이다.
"그들을 길들여라, 과감히 떠나버려라."

떠나기 전과 돌아온 후

마침내 여행을 마치고 돌아오면 허전해진다. 무대가 막을 내리면 허전해지는 연극 배우처럼. 어수선한 캐리어를 정리하고 사진을 정리하고 옷을 세탁하고 나면 곧 극복이 되면서 점차 추억에 잠긴다. 바로 과거가 돼버린 떠나온 곳을 떠올리며 잠들면 다시 새로운 에너지가 생긴다. 연애 초기 증상과 같다. 다음번 여행 준비를 하면 새 설렘이 시작된다. 여행하며 쌓는 행복한 기억은 그 이후의 일상을 버티게 해주는 에너지가 된다.

여행을 계획하고 가장 먼저 하는 일은 목록을 적는 일이다. 매번 새 노트 한 권을 마련한다. 카페에 가서 자판을 두들기다가 캐리어에 챙길 품목을 노트에 적기 시작한다.

잠옷 두 벌, 휴대용 휴지, 화장품 샘플, 머플러와 스카프, 흰 스니커즈는 어디에나 어울리니 길이 든 것으로 신고 가면 되고. 언제나 고민하게 만드는 아우터는 두 개 중 어느 걸로?

어떤 책을? 또 고민에 빠진다. 아시시의 성 프란체스코 성당에서 산 나무십자가 목걸이는 부적처럼 여행 때마다 목에 걸고 가는데 목걸이를 어디에 뒀더라? 이러다 보면 글쓰기는 잊고 여행을 준비하느라 하루가 모자란다.

예전에는 여행 갈 때 되도록 헌 옷, 헌 양말, 헌 신발을 신고 갔다. 낡은 걸 가지고 가면 마음이 편했다. 가방 무게를 줄이려는 속셈도 있어서 돌아올 땐 현지에 미련 없이 버리고 왔다.

어느 날 불현듯이 깨달았다. 나에 대해 돌아보게 된 것인데, 아차 그러지 말아야지 하는 생각에 도달한 것이다. 그동안 여행하면서 깨닫게 된 것이다.

이젠 그러지 않는다. 새 가방, 새 옷, 새 머플러를 가지고 간다. 최대한 나를 멋지고 근사하게 표현한다. 외국에 나가면 아무도 모르는 사람들이지만 그렇게 한다. 모르는 사람들에게도 잘 보이고 싶다. 그 이전에 나한테 잘 보이고 싶다.

여행 패턴도 달라졌다. 유명 관광지는 안 가고 내가 안락함을 느끼는 고요한 곳에 잠시 또는 오래 머무르다 온다. 단지 그 자체가 좋다. 떠나는 설렘을 느끼고 혼자서 뭐든 하고 집에 돌아오면 떠날 때와는 또 다른 설렘을 간직하게 되는 것이다. 가난한 여행자의 마음의 풍요다. 돌아올 땐 마치 마지막 여행인 것처럼 언제나 마음이 아프다.

돌아올 집이 있다는 건 얼마나 좋은 것인가. 그토록 떠나는 걸 갈망했으면서, 막상 가면 집에 돌아오고 싶어지는 것 또한 여행이다.

여행하는 마음으로 인생을 산다면

'여행은 인생과 비슷하다'란 생각이 새록새록 든다. 인생에서는 내일 일을 알 수 없다. 교통사고를 당한다는 생각을 하면 어떻게 길을 나설 수 있을까. 여행도 플랜을 짠 대로 움직이지만 기상 때문에 비행기가 연착될 수도 있고 현지에서 소매치기를 당할 수도 있고 우연히 들어간 카페나 레스토랑에서 유명한 셀럽을 볼 수도 있다. 전혀 예상하지 못하는 상황에 맞닥뜨리고 당황하게 되는 게 인생과 여행의 닮은 점이다. 그래서 신비로운 것 같다. 미래를 기대하듯 여행을 기대하는 이유다.

오래전 터키항공을 타고 이스탄불에서 한국으로 돌아오는데, 그 당시 유명했던 축구선수들과 같은 비행기를 타게 되었다. 설기현, 이운재, 황선홍 선수가 수하물 컨베이어 벨트 앞에서 짐을 기다리는데 사람들이 몰려와 사진을 찍자고 해 선수들은 정신이 없었다. 나는 그 선수들을 비행기 트랩에서 내려오다 발견하고 지인인 척 계속 그들 옆에서 걸어왔다. 앞뒤로 셀럽과 같이 걷는 게 우쭐하고 설렜다.

셀럽을 우연히 보는 곳은 공항이 유력하니 여행의 재미는 이런 예기치 않음 때문이기도 하다.

우리는 흔히 막막할 때, 일이 잘 안 풀릴 때, 고민이 많을 때 그런 비슷한 상황이 되면 집에 틀어박힌다. 나가지 않고 이불 속에 들어가 죽도록 고민만 한다. 나도 그랬다. 죽을상을 하고 씻지도 않고 집에서 개기며 온 얼굴을 찡그리고 지냈다. 어느 순간 이런 나 자신에게 혐오감이 들었다. 어차피 고민은 내 문제고 내가 해결해야 한다.

그렇다면? 인생을 여행처럼 사는 것이다. 차려입고 나가 본다. 등산을 가기도 하고, 드라이브를 하기도 한다. 일단 잊어버리자, 기분을 바꾸고 미뤄둬 보자.

글도 그렇다. 한 편의 작품을 완성하는 건 쉬운 일이 아니다. 쓰는 도중에 지치고 막막해서 그만두고 도망가 버리고 싶다. 이럴 땐 그 작품은 밀쳐놓고 다른 작품을 쓰든가 책을 읽는다. 방치한 채로 몇 달을 보내기도 한다. 그 사이 짧게 여행도 다녀온다.

어느 날 불현듯 떠올라 그 글을 다시 본다. 새롭다. 생각 안 한다 하면서도 생각하는지 머릿속에서 발효되어 있던 글이 이어진다.

   글이나 여행이나 인생이나 다 비슷한 것 같다.

주부, 여행에 미치다

어쩌다 신춘문예에 당선이 되고 글을 쓰기 시작했다. 그렇다고 글만 생각하며 파고들고 매달리는 타입이 아니라서 주부로, 엄마로, 아내로 살기를 더 앞 순위에 두었다. 글쓰기는 부캐릭터로 하고 주부의 삶에 포커스를 맞추고 살아왔다. 나는 그렇게 살고 싶었다. 아이들을 키우고 살림을 하는 것이 좋았고 좋은 엄마에 더 가치를 두고 싶었다. 온몸을 바칠 만큼의 문학적 재능이 없다는 것을 알아서이기도 할 것이다.

또 '삶은 즐기는 것'이라는 생각에서 소확행을 즐기고 별책부록처럼 내 형편에 맞게 여행 다니며 '나'를 즐겁게 소비하며 살아가는 쪽이다. 책상 앞에 줄창 앉아 있고 머릿속에 소설만 생각한다고 써지는 게 소설이 아니란 걸 나는 안다. 동료들은 의자에 궁둥이를 붙이고 앉아 있는 걸 잘해야 한다고 말한다. 어떤 동료는 실제로 의자에 몸을 묶고 글을 쓴다고도 한다. 맞는 말이지만 나는 '내 삶'에 우선순위를 둔다. 물론 '내 삶'에는 소설 쓰기가 큰 비중을 차지하지만 여행, 영화, 돌아다니기, 등산, 이런 것들도 있어서 내 삶을 풍요롭게 해준다.

결혼을 하고 문득문득 당혹스런 생각에 붙잡히곤 했다. 내가 서 있는 여긴 어디지? 혼란한 의문이었다. 남편과 아이 둘, 가정을 만들었는데. 나는 실은 믿고 싶지 않았다. 결혼 후부터 줄곧 내 안을 파고들던 의문이었다. 결혼했음을 부정하고 싶은 심리였다.

아이 둘을 데리고 시댁 마루턱에 멍청히 앉아서 허공에 대고 뇌까렸다. 난 무엇? 여긴 어디? 마흔이 넘고부터는 그런 질문조차 사라지고 무뎌졌지만 깊게 남는 의문은 지금은 없어진 내 안의 열정에 관한 것이었다. 젊은 나는 어디로 가버린 것일까. 작가가 되고 그런 고민은 사라졌고, 나는 현실에 안주하게 되었다.

세상에는 두 부류가 있는데, 여행을 자제하고 하고 싶은 것에 투자하는 타입과 나처럼 짜게 사는 대신 여행에는 안 아끼는 타입이다. 나는 후자 마인드이기 때문에 여행하는 돈은 아깝지 않다. 여행을 하면 집에 있을 때보다 돈이 더 많이 든다. 여행을 다녀와서도 돈은 아깝지 않고 머리에 쟁여가지고 온 추억만으로도 행복하다.

누군가 내게 물었다.

"자기는 돈 많나 봐, 여행 자주 다니던데, 남편이 많이 버는 모양이지."

전혀 아니올시다. 우리 가족은 월급쟁이로 그럭저럭 사는 어디에나 있는 평범한 서민 가정 쪽이다. 어쩌다 보니 자칭 여행 마니아가 되어 있었다. 40대가 되어서야 여행에 눈을 뜨고 알뜰하게 돈 모아 본격적으로 여행을 다니다 보니 내 삶의 우선순위가 여행이 되었고 가난하게 살아도 풍요로워졌다.

경제적으로 늘 부족했다. 나는 좋은 차 안 타고, 큰 평수 안 살고 알뜰하게 모아 여행 다니는 쪽이다. 그쪽에 가치를 두었다. 그러다 보니 좋은 차, 큰 평수의 집, 하나도 부럽지 않았다. 여행도 알뜰하게 다닌다. 사람들 마인드도 가지가지, 비교하면 불행 시작이다. 내가 정한 가치관대로 남과 비교하지 않으려고 노력한다. 세태에 휩쓸리지 않으려고 노력한다. 내가 가진 것 안에서 만족하며 산다.

참 많은 나라를 돌아다녔다. 내 좁은 세계관은 넓어지고 시야는 확장돼 열린 마인드를 지향하게 되었다. 갇혀 살며 꿈만 꾸었다면 꿈으로 끝날 것을 과감히 저질러버려서 가능했다고 생각한다. 주부라는 한계에 갇혀 실행하지 않았다면 못했을 것이다.

"하고 싶을 때, 조금 더 젊을 때, 과감히 실행해버려"라고 나는 말한다.

여행의 마음

사람들은 세계가 넓다는 건 알지만 직접 가볼 생각은 안 한다. 사는 곳이 전부인 것처럼 머물러 산다. 박쥐가 동굴을 못 벗어나듯이. 그리고 꿈만 꾼다. 어디론가 떠나는 상황이 두렵고 호기심을 잃어버려서다.

애초의 싱숭생숭함에서 비롯된 허함 따윈 잊고 들떠서 인터넷을 떠돈다. 급기야 예상보다 일이 커진다. 제주도에서 한 이틀? 아니야. 프라하가 어떨까? 프라하의 황금소로에 카프카의 집필실이 있다던데 가보고 싶었잖아? 급기야 스팟을 몇 개 찍는다. 프라하에서 기차 타고 소도시를 돌아보고 나서 환승하는 프랑크푸르트 근처에서 몇 박? 중얼거리며.

'스카이스캐너' 앱에 들어간다. 가장 싼 비행기 표를 고르고 고른다. 그리고 떠난다. 배낭 메고 스카프 휘날리며.

그러면서 내 안의 허기와 방랑기를, 노마드의 피가 흐른다고 변명하며 떠난다. 막상 배낭 메고 집 밖을 나오면 싱숭 생숭한 건 언제 적 일이었냐, 하며 집은 다 잊고 신나게 여행지로 향한다. 공항 갈 땐 언제나 첫 여행 가는 기분이다. 캐리어 바퀴 소리는 설레임을 배가시킨다. 두근거리는 가슴을 진정시키며 공항에 도착한다.

　나는 그랬다. 변화 없는 일상의 매너리즘에 빠질 때 여행은 위로가 되었다. 삶은 팍팍하고, 꿈 같은 건 있는지도 모르고, 일상에 매여 뭐가 좋은지도 모른 채 나는 늙어버릴 수도 있었다. 그날이 그날인 구태의연한 일상, 장 볼 때 싼 물건 비교하기, 너무나 낯익어 신물이 날 것 같은 권태로운 일상의 연속, 매일 보는 비명이 나올 것 같은 같은 얼굴, 그런 것에 질리고 질릴 때쯤 여행은 숨통을 틔워주는 환희 같은 것이었다.

　여행 몇 번 안 간다고 돈 쌓이지 않더라. 어디로 새든 샐 돈은 새게 마련. 그래도 여행은 남는다는 마인드가 생겼다. 가나 안 가나 돈은 항상 없고 어차피 없이 사는 인생, 여행이라도 갔다 오면 숨통이 트이더라. 그렇게 자신을 변명하고 위무한다. 인생 남는 거 있어? 내게는 그게 여행이더라.

　어느새 늙어 있었다. 아줌마로 남은 인생을 살다 가겠지만 여행에 우선순위를 두니 시야가 달라지고 그래도 조금 열린 마인드가 된 듯했다. 더 늙어서 여행을 못 가게 될 때에는 내가 쓴 책을 읽으며, 사진을 보며 회상하는 것도 나쁘지 않을 것 같다는 생각이 든다.

"여행의 마음: 사적인 기록의 순간들"

타이틀을 정하고 글을 쓰기 시작했다. 돌아보며 기록하는 글쓰기는 또 다른 마음의 여행이었다. 내가 갔던 여행지를 재방문한 기분이었고 수많은 장소와 사람이 글의 재료가 되었다. 여행을 가서 느끼고 부딪히고 했을 뿐인데 그것들은 이미 내 자산이 되어 있었다. 낯선 사람들 속에 섞여 흘러가는 어떤 마음은 분명 낯선 위로였고, 그것만으로 충분했다.

그곳이 어디든

도착지 공항에 내려 이동하기 위해 공항 밖으로 나오면 막막하고 두렵다. 낯선 나라, 낯선 사람들, 낯선 대기와 공기 때문에 그럴 것이다. 갈 곳은 정해진 숙소밖에 없다. 여행을 와 첫 공항에 내리면 언제나 이런 느낌이었다. 들떠 있지만 막막하고 살풍경한 마음 같은 것. 불안이 내재된 두려움은 타지여서 더 깊게 나를 파고드는 것 같다. 저녁이 다 되어가는 아주 늦은 오후라면 더 심해진다. 곧 어둠이 밀려올 테니 숙소를 찾아가기 위한 마음이 급하다. 가는 길을 헤매지 않고 무탈하게 숙소에 도착할 수 있을까. 약간의 생소함을 안고 공항을 벗어난다. 이러한 기분조차 즐기기 시작한 건 얼마 되지 않았다.

첫째 날, 혼자 여기에 오기까지 나는 많은 시간과 돈을 들였다.

타국의 공항에 내리면 낯선 환경에 잠시 머리가 멍해진다. 조금 후, 정신 차리고 또박또박 하나하나 정리해 둔 수첩을 들고 행동에 옮긴다.

우여곡절 끝에 호텔에 도착해 키를 받아 들면 나 자신이 그럴 수 없이 대견하게 여겨진다. 겨우 호텔에 도착했을 뿐인데. 그리고 다음 날부터는 자유가 시작된다. 지금부터 무한한 일정은 내 것이다. 한정된 며칠일지라도. 바람이 나든, 허튼짓을 하든, 술을 먹든, 눈치 볼 필요가 없다. 지금부터는 자유를 맘껏 누리고 나를 소비할 일만 남았다.

"퍼펙트 프리덤."

마음이 급해 옷을 갈아입고 뛰쳐나간다.

둘째 날 아침, 조식을 먹으러 가기 전에 화장실에 다녀온 후 내가 가장 하고 싶었던 일을 하려고 침대의 높은 베개에 등을 기댄다. 앨리스 먼로의 책을 펼친다. 내가 가장 '최애'하며 내 소설의 스승인 그녀의 책은 지금 몇 번째 보는지 모를 정도다. 수없이 밑줄이 처져 있고 낙서가 갈겨 있고 어느 부분은 달달 외울 정도다. 나는 이런저런 책을 가져가는데 이번에는 앨리스의 단편집 『떠남』과 『미움, 우정, 구애, 사랑, 결혼』을 들고 왔다.

혼자인 호텔에서 누구의 간섭도 없이 책을 보는 조용한

쾌락을 누리며 10시까지인 조식 시간을 염두에 두고 책을 읽는다. 그래봤자 짧은 아침 시간에 몇 페이지 못 읽지만 신성한 행위처럼 즐긴다. 생각보다 책 읽기는 시간이 많이 든다. 평생 책과 떨어지지 못하는 몸은 핸드백에도 백팩에도 책을 넣고 다니며 짬만 나면 본다. 대부분이 소설책이다.

나는 감정 몰입이 큰 책을 다 읽어가면 강박적으로 불안을 느낀다. 마지막 장을 덮으면서 다시는 이런 책을 만나지 못할까 봐 조용히 두려워한다. 다른 책에 빠지면 금세 잊어버리면서 말이다.

내 집의 침대인 양 느긋하게 책 읽기를 하고 급하게 일어나 조식을 먹으러 간다.

사흘 째부터 나는 완전한 여행자다.

혼자 여행의 가장 큰 장점은 느긋이 자동으로 눈이 떠질 때 일어날 수 있다는 점이다. 몸이 알아서 자동으로 깨어나는 자유를 맘껏 즐기는 때가 아침이다. 나는 주로 아침에 내가 하고 싶은 것을 하는데, 오후가 되면 심심해지지만 아침에 혼자 하고 싶은 것에 방점을 두기 때문에 오후에 심심한 건 참아야 된다. 혼자 가보고 혼자 하는 것이 진력이 나기도 하지만 동행이 있으면 혼자 보내는 아침 시간을 포기해야 하니 둘 다 할 수는 없다. 다만 딸과 둘이 여행을 가서는 분담을 한다. '각자 할 일을 하든가, 가고 싶은 곳을 가보고 나중에 시간을 정해서 만나자'는 식이다. 하루 종일 같이 붙어 있으면 의견 충돌도 하고 꼭 한번은 싸우게 된다. 여행 중간에 따로 놀다 만나면 반갑다. 서로 말하느라 정신이 없다. 이것도 몇 번의 여행을 통해서 터득한 것이다.

돈 들여 이 먼 곳까지 와서 아무것도 안 한다고?

한 번쯤 이런 여행도 하고 싶었다.

게으름뱅이처럼 늦게 일어나 배고프면 슬슬 나가서 밥을 사 먹고, 계단에 앉아 멍 때리고, 사람 구경하는. 마치 내 동네 내 구역인 양……

사실 이러려고 여행 왔다. 비행기 두 번 갈아타고. 누구의 간섭 없이 혼자만의 시간을 맘껏 즐기려고 이 멀리까지 왔다. 오후에는 터벅터벅 동네 한 바퀴 돌며 디저트가 유명한 카페를 찾아갈 것이다. 유명한 집은 항상 사람이 붐비기 때문에 오래 있지 못한다. 게다가 직원이 정해준 자리에 앉아야 한다. 창가 자리는 언제나 만원이다. 창가 자리에 앉으려고 기다리는 사람도 있다.

나는 원시인처럼 시간에 얽매이지 않고 살고 싶다고 생각하지만 쉽지 않다. 무엇을 하다가도 시계를 흘깃거린다. 강박에 길들여진 몸은 알아서 자동으로 시간 계산을 한다.

이런저런 쓸데없는 생각에 빠지다 보면 온갖 생각이 떠오른다. 새벽 네 시에 깨어났는데 잠이 완전히 달아났다. 불쑥 엄마 생각이 났다. 엄마 목소리가 귀에 붙어서 떨어질 줄 몰랐다. 몹시 그리웠다. 그리워한다고 볼 수 없다. 왜 우리는 누군가가 온전히 사라져버리고 나서야 그의 존재가 귀하다는 것을 깨닫게 되는 걸까. 난 베개에 얼굴을 묻고 죽은 엄마를 그리워했다. 시간이 좀 지나자 그리워하는 행위에서 위안을 받았다는 느낌이 들었다.

아무것도 한 게 없이 하루가 지나간다. 집에서라면 그저 그런 날 중 하루겠지만 이곳에서는 이상하게 이런 것조차도 마음의 위로가 된다. 아무것도 안 하고 단지 멍청히 하루를 보내는 이런 것마저도.

카페에 앉아 안경을 벗어 지문을 닦는다. 흐릿하던 세상이 다시 밝아졌다. 이런 명징한 세상이라니.
여유 넘치는 릴랙스한 여행을 즐겨보고 싶다고 생각한 건 여행 이력이 좀 붙고서였다. 영어도 안 되고 혼자 비행기를 타기도 두려웠다. 혼자가 자유로운 걸 알지만 두려워하던 시절은 이제는 갔다. 여행중독이 되어서 이삼 년에 한 번 가던 것이 이 년에 한 번, 일 년에 한 번, 드디어 일 년에 두어 차례 가게 되었을 때 이런 생각이 들었다.

'어지간한 유명 관광지 다 찍고 나니 식상해졌다. 바야흐로 여행 스타일이 완전 바뀌었다.'

굳이 돈 따지지 않고 선택한 그 장소에서 현지 주민처럼 즐기는 여행을 하고 싶었는데, 지금은 그렇게 하고 있다. 시간이 가니 자연스런 현상이 되었다. 뉴욕에서는 마치 뉴요커처럼, 파리에서는 파리지앵처럼. 어느 한 도시에 숙소를 잡고 몇 박을 하며 근처를 돌아봤다. 차츰 소도시 여행에 빠져들었다. 작든 크든 한 도시를 안다고 말하게 되었다. 대단한 발전이었다.

이탈리아를 무지 좋아하는 나는 이탈리아 소도시를 죄다 가보고 싶다. 한 도시에서 짧게는 이삼 일씩 머무르며 마치 이탈리노인 것처럼 여유롭게 즐기고 싶다. 슬렁슬렁 거리를 걷고 그곳의 음식을 먹고 동네를 조금 알았다는 생각이 들면 다른 도시로 떠나는 식이다. 떠날 때는 여행자처럼 미련 없이 자유롭게 삼빡하게 떠난다. 내가 향하는 다른 도시로의 기대에 넘친 배낭 멘 내 뒷모습이 그렇게 말하고 있을 것이다.

장밋빛 도시 툴루즈

　보르도 생장역에서 오후 2시 30분 기차를 타고 툴루즈역에 내렸다. 한 시간 반쯤 걸렸다. 기차 창밖으로 전형적인 프랑스 시골풍경이 펼쳐진다. 내가 소설에서 익히 본 프랑스 전원 풍경이다. 소설 속에서 상상하던 풍경과 이처럼 같다니, 나는 놀랐다. 포도밭이 이어지고 시골 농가가 이어지고 긴 강폭엔 미루나무나 버드나무 같은 나무들이 서 있고 비스듬한 둔덕에 녹색 풀밭이 끝없이 이어지다가 시골 교회가 스쳐 가는 너무나 평화로운 풍경이다. 진짜 프랑스 시골 느낌이다. 햇살도 바람도 살아 움직이는 듯하다.
　나는 프랑스 작가의 소설을 많이 봤다. 당연히 소설의 배경은 프랑스였다. 기 드 모파상부터 귀스타브 플로베르, 마르그리트 뒤라스, 생텍쥐페리, 프랑수아즈 사강, 미셸 투르니에, 로맹 가리 그리고 아멜리 노통브, 아니 에르노, 툴루즈 사람인 장 폴 뒤부아 등등.

수없이 많은 소설에서 느끼고 탐미했던 프랑스 전원 풍경에 넋을 빼앗겼다. 문학과 여행을 매치하고 공상에 빠지며 탐미하는 여행, 이런 한가하고 심심한 여행을 원했던 나는 그 순간이 다가오자 정말 행복감에 빠져버렸다.

툴루즈역 앞, 전등마저 깜빡거리는 컴컴한 복도의 싼 호텔에 짐을 풀자마자 나가기로 했다. 마음이 들떠서 호텔방에 잠시도 앉아 있기 싫었다. 툴루즈역 앞에 위치한 호텔은 저렴한 곳이어서 몸 돌릴 데도 없이 비좁았다. 베이징공항에서 깨져버린 캐리어 바퀴가 덜렁덜렁하지만 나중에 생각하기로 하고 양치질을 하고 옷을 갈아입고 구글 지도를 켜고 호텔 주위를 돌아보기로 했다.

저녁이 되어가는 거리는 어쩐지 좀 낯선 데다 곧 어두워질 것을 염려하니 마음이 급했다. 동네의 집들은 허름하고 문 닫는 가게도 보이고 으스스하고 별 특징 없는 골목을 계속 걸어갔다. 남자 주민들이 호기심 어린 표정으로 동양인인 나를 살펴보는 것이 느껴졌다. 속으로는 당황스럽고 경계심이 들었지만 목적지가 있는 것처럼 당당하게 고개를 쳐들고 두리번거리지 않고 걸어갔다.

한참을 걸어가니 시청 앞 광장이 나왔다. 그 유명한 '캐피톨 광장'이란 건 나중에 알았다. 서서히 어둠이 깔리기 시작했으므로 광장 한쪽의 맥도널드에서 햄버거로 저녁을 때웠다. 이쪽 지방 소일 것이 분명한 햄버거 패티는 비위가 약간 상했다.

다음 날 본격적인 투어에 나섰다. 어제 간 길이 아닌 툴루즈 역사 맞은편 오른쪽으로 갔다. 가는 길에 문 연 카페가 보여 커피를 마시고 다시 걸었다. 조금 걷자 우아하게 휘어진 골목이 나타났다. 난 바로 알았다.

"아, 여기가 그 유명한 '장밋빛 도시'라 불리는 툴루즈 대표 골목이구나."

점토로 만든 붉은 벽돌의 높고 우아한 담장은 기가 막히게 아름다웠다. 집들도 온통 붉은 점토로 만든 벽돌집이었다. 고유한 느낌은 가히 압권이었고 길은 한가로웠다. 시그니처인 벽돌 골목을 걷는 게 믿기지 않아, 앞으로 걸어가고 싶지 않아서 자꾸만 뒤돌아봤다. 영원히 기억하고 싶다는 생각에 굉장히 느리게 걸었다. 알고 보니 캐피톨 광장 근처에서 그리 멀지 않은 곳에 유명한 스팟이 다 있었다. 모두 걸어 다닐 만한 거리였다. 뚜벅뚜벅 걸어서 다 갈 수 있다니 다리는 아프지만 매력적인 동선이었다.

우아한 벽돌 골목이 끝나고 생 세르냉 성당과 아세자 저택, 생텍쥐페리가 툴루즈에 올 때마다 묵었다던 발콘호텔도 있었다. 모두 들어가 보았다.

툴루즈 시내를 지치도록 걸어 다니는 며칠 동안 툴루즈의 골목골목을 너무나 사랑하게 되었다. 다시 한번 가고 싶은 여행지가 몇 안 되는데 그곳에서 나중 시간이 오래 흐른 후에 다시 한번 오고 싶단 생각을 했다. 한순간 눈앞에 나타나던 마치 우아한 노부인 같은 붉은 벽돌 골목길을 잊지 못할 것이다.

여행의 어떤 순간은 영원히 기억된다

 툴루즈에서 사흘째 되는 날, 가론 강변에 앉아서 오전을 보내고 점심을 먹고 돌아다니다 다리가 아파 쉬려고 잠깐 호텔로 들어왔다. 5층 방에서 도시의 들쑥날쑥한 붉은 지붕을 무심히 보고 서 있었다. 그냥 좀 멍청히 있고 싶었던 것 같다. 동네가 다 내려다보였다. 싼 호텔의 유일한 사치 같던 뒷마당 조그만 숲을 오래도록 내려다보고, 저 위쪽 손바닥만 한 마을 공동주차장에서 차를 기가 막히게 빼는 마을 주민을 나는 홀린 듯 보고 있다. 오후 세 시였다.
 나는 멍청히 선 채로 이런저런 생각에 잠겼다. 인생에는 참 더한 것도 덜한 것도 없고 손해와 만회는 동등한 것이더라. 얻는 것이 있으면 반드시 잃는 게 생기고…… 내가 살아온 궤적이 이리저리 뒤얽히는 상념에 빠져 있다 생각의 그물에서 빠져나왔다.
 "그래, 여긴 프랑스의 한 도시지. 나는 지금 호텔 방에서 오만가지 생각에 잠기지만 이런 찰나는 곧 지나가 버릴 테지."

오래도록 창밖을 내다보고 서 있던 9월의 오후를 나는 차츰 잊겠지만, 호텔과 합벽인 옆 건물의 거친 시멘트벽을 타고 창문만 교묘히 피해 올라가던 담쟁이넝쿨도 함께 기억할 것이라는 터무니없는 생각을 했다. 유명 관광지보다 오후의 햇살과 동네 분위기가 강렬한 잔상으로 남는 것도 여행의 어떤 단면이다. 큰 사건보다 아주 작은 사소한 것이 전기 플러그처럼 기억될 때가 있는데 바로 이 순간이었다.

후에 툴루즈를 떠올리면 창가에 멍청히 서서 바라보던 여러 가지 풍경이 한꺼번에 기억나면서 호텔 5층 방에서 동네를 굽어보던 그 오후가 어김없이 떠오르곤 한다. 마치 내 과거 속의 동네였던 것처럼.

장 폴 뒤부아의 소설을 몇 권 읽은 적이 있다. 한 작가가 좋으면 그의 책을 전부 다 읽는 버릇이 있다. 장 폴 뒤부아는 툴루즈 사람이다. 툴루즈를 검색하면서 새삼 알게 되었다. 『프랑스적인 삶』『이성적인 화해』『이 책이 너와 나를 가깝게 할 수 있다면』 같은 관념적인 제목이 많은데 그는 프랑스 정치와 소설을 버무리고 연결해 소설을 쓰는 것 같다. 툴루즈에 머무니 그의 책을 읽은 독자로서 그와 가까운 곳에 있다는 생각만으로 약간의 짜릿함이 든다.

알비 가는 날

툴루즈에서 나흘을 보냈다.

잠자리에 들기 전에 내일은 좀 가벼운 마음으로 툴루즈 근교에 가볼 데가 없을까 하며 스마트폰으로 검색하기 시작했다. 밤의 바깥은 먼지 같은 먼 소음만 들릴 뿐 지나치게 조용하다. 차 소리도 귀 기울여야만 아련한 소음으로 들릴 정도다. 내 방이 거리가 아닌 호텔 뒷마당을 향해 있어서다. 옆자리의 딸은 읽던 책을 얼굴에 덮고 고른 숨을 내쉬며 잠들어 있다. 딸의 얼굴에서 책을 치우면서 보니 김애란의 『두근두근 내 인생』이었다.

"우리 기차 타고 알비에 가지 않을래?"

딸을 깨운다.

"뭐?"

딸이 짜증스럽게 내뱉는다.

"괜히 깨웠네. 그냥 자."

"아니 뭐라고 했어? 어디?"

"어, 알비라고 뜨네. 기차 타고 한 시간 가면 된데. 로트렉이라고 한번 들어본 이름 같지 않니? 로트렉이 아주 유명한 화가네. 로트렉 박물관, 알비 대성당, 프랑스식 정원, 타른 강 이런 게 검색되네."

"엄마, 로트렉 들어봤어. 키 작은 화가. 거기 가자."

딸은 나를 닮아선지, 어릴 때부터 여행을 길들인 탓인지, 여행의 유전자가 우월해서 여행 말만 나오면 적극적으로 달려든다. 딸과 함께하는 여행의 역사는 딸의 나이와 같다. 30년도 넘었다.

그렇게 해서 나와 딸은 툴루즈역에서 아침 7시발 기차를 타기로 했다. 저렴한 호텔 0층에 있는 작은 식당의 식탁에 벌써 우유, 샌드위치, 삶은 계란 하나를 접시에 담아 차려놓았다. 소박하기 이를 데 없는 가벼운 식사다. 샌드위치는 두고 우유만 마시고, 삶은 계란 하나를 주머니에 넣고 어둠 속을 오 분 정도 걸어 툴루즈 역사 안으로 들어갔다.

사람 몇 타지 않은 기차는 새벽을 뚫고 남쪽으로 달린다. 창가에 앉아 서서히 어둠이 물러가고 안개가 걷히고 드러나는 시골 풍경을 물끄러미 보다가 곧 알비역에 내렸다. 구글 지도를 켜고 20분 정도 걸어가니 '알비 대성당'이 장중한 모습을 보인다. 너무 많이 가봐서 성당은 더 이상 별 감흥

이 없었지만 그래도 의례적으로 들어가게 된다.

"세상에나 마상에나! 이렇게 큰 성당은 처음이야."

그 많은 유럽의 성당을 숱하게 봤건만 알비 대성당의 크기는 압도적이다. 내부 역시 소름 끼칠 정도로 어마무시하게 크고 웅장했다. 어떤 장중함과 엄숙함이 다른 성당들과는 달랐는데 무시무시할 정도다. 성당 내부를 돌아보고 나오자 로트렉 박물관이 바로 붙어 있다. 표를 끊고 들어갔다. 그날의 첫 입장객이었다.

앙리 드 로트렉은 19세기, 알비의 귀족 가문에서 태어나 왜소증으로 살았다. 어머니의 지지 아래 그림을 배웠고 몽마르트의 물랑루즈를 드나들며 무희들을 그려서 '물랑루즈의 화가'로 유명하다. 25세에 그린 〈세탁부〉는 경매에서 232억 원에 낙찰되었다.

박물관을 다 돌아보고 뒤편으로 가니 베르비궁의 프랑스식 정원이 있고 타른강 위로 멋진 다리가 보인다. 정원의 대칭이 중요한 프랑스식 정원의 전형으로 보인다. 포도나무 아래를 걸어 산책을 하며 타른강을 바라보았다. 강폭은 무지하게 넓고 완만한 곡선을 이루며 굽이져 흐른다. 다리 너머로는 알비의 시그니처인 황토색 벽돌 지붕의 동네가 보인다. 그 동네까지 걸어가 보고 싶단 생각이 든다. 여행자로서 행복감에 젖어 구석구석 둘러보는 이 시간만큼은 아무 부러움이 없다.

다리를 건너기 전에 박물관 바로 앞의 카페에서 커피를 마셨다. 카페에서도 그날의 첫 손님이었다.

타른 강변을 걸어서 타른교를 건너갔다. 옆에는 새로 생긴 자동차 전용 다리 위로 차들이 쌩쌩 달리는 것이 보인다. 자전거를 타고 건너는 주민들이 한가해 보였다. 할아버지 한 분이 자전거를 세우고 우리에게 말을 걸었다. 정이 많은 분인 듯 눈에 뭔가 말을 걸고 싶은 눈치가 가득 담겼다. 서로 웃으며 인사를 나눴다. "여기 멋있지? 잘 왔어." 아마도 이런 식의 말을 하신 듯했다. 프랑스 말은 몰라도 척 알아들었다. 할아버지가 가리킨 강을 내려다보니 커다란 물고기들이 모여 있다. 어찌나 큰지 징그러울 지경이었다. 할아버지와 우리는 손을 옆으로 벌려 물고기 크기를 말하며 쿡쿡 웃었다. 할아버지는 세워뒀던 자전거를 타고 고개를 뒤로 젖혀 우리를 향해 함박웃음을 날리며 다리 건너의 마을로 갔다.

다리 건너 주택가는 멀어서 포기하고 알비 시내로 들어갔다. 생각보다 질서 있고 반듯하게 짜인 도시였다. 도로가 크고 시원시원했다. 구시가지로 들어가 골목 구경을 하다 마침 케밥집이 보여서 들어갔다. 아랍인 주인이 우리를 보고 환하게 웃었다. 엉덩이도 못 돌릴 정도로 작은 가게인데 햄버거 식의 케밥과 감자튀김은 맛있고 양도 많았다. 포장해

가는 사람이 많았다.

점심을 해결하고 여유 있게 걷다가 프랑스 로컬 속옷가게에 들어가 마치 프랑스 여자인 것처럼 패드 없이 레이스로만 된 한 겹 브래지어를 샀다. 가격이 비싸지 않아서 여러 장 샀다. 여름에 딱인 속옷으로 대만족이었다.

세 시 기차를 타려고 알비역으로 갔다. 널널한 역엔 사람이 몇 없었다. 헐렁한 기차를 타고 툴루즈로 돌아가는데 내가 마치 툴루즈 주민이 되어 한나절 여행 온 듯한 착각이 들었다. 창밖으로는 그새 익숙해진 시골 풍경이 한없이 평화롭게 펼쳐지고 있다.

뉴욕에서 살아보기

나의 여행조건은 두어 가지다. 숙소 근처에 맛있는 커피집이 있을 것, 산책하는 공원이 있을 것, 그리고 도서관 혹은 서점이 있길 기대한다.

뉴욕에 갈 때부터 뉴욕공공도서관과 몇 군데의 서점 지도를 캡처해 갔다. 뉴욕도서관은 너무나 멋진 장소여서 다음번에도 다시 와봐야지 했던 곳이고 서점은 소호에서 두 군데, 브루클린에서 한 곳을 선택했다.

아침밥을 해 먹고 호텔을 나와 맨해튼 거리를 걸으면 매번 약간의 벅찬 감정이 드는데, 소호에 오니 더 남다른 느낌이 들었다. 스마트폰의 지도를 보며 소호 거리를 걷자니 뭔가 감개무량한 기분이다. 뉴욕에 와서 아침마다 느껴지던 그 감정이었다. 괜히 어깨가 으쓱하고 설렘이 밀려와서 어서 빨리 거리로 나가야 한다는 강박 비슷한 심지가 솟는 감정 말이다.

내가 상상하던 소호답게 아름다운 거리였다. 뉴욕 같지 않고 살짝 유럽 느낌이 났다. 부유해 보이는 여유로운 거리에는 나직나직한 건물과 빈티지한 상점이 많고 초여름이니 날씨도 상쾌하고 맑았다. 그 유명한 이탈리아 피자집에 가서 점심을 먹고 서점에 가기로 했다. 관광객은 뭐든 반드시 해봐야 된다. 그래야 후회가 없다.

롬바르디스 피자집에서 그 유명한 두 가지 맛을 한 접시에 담은 (마르게리타와 아워화이트) 피자를 먹고 피자집 건물 벽의 모나리자 벽화 앞에서 셀카를 찍은 다음 하우징웍스북스토어로 걸어갔다. 사실 피자보다는 모나리자 벽화가 산뜻한 효과를 낸다는 생각이 들었다. 여행자로서 한껏 들뜬 데다 뉴요커가 된 듯한 느낌까지 보태져 소호를 걷는 기분은 그만이었다.

가는 길에 파타고니아 매장이 보여서 들렀다. 지하부터 3층까지 매장을 둘러보고 티셔츠 두 장을 샀다. 아들과 커플티로 입어보고 싶어서다.

하우징웍스는 곧 나타났다. 서점 입구는 땅을 파헤쳐 공사를 하고 있었다. 꼭 규모가 큰 동네서점 분위기를 풍겼다. 지난해에 갔던 파리의 셰익스피어 앤 컴퍼니 서점과 닮았다. 아기자기한 서가는 모퉁이가 많았고 2층은 미로 같은 골목길로 나눠져 책 찾는 재미를 더해주게 설계돼 있었다. 어린

시절 아련한 기억 속 다락방의 정취가 느껴졌다. 아늑하고 은밀하기까지 한 곳이었다.

원서는 읽을 수가 없으니 눈으로만 대충 구경하며 구석구석 둘러봤다. 교보문고처럼 문구류도 진열되어 있었다. 1층 안쪽 구석에 위치한 카페에서 커피를 사서 테이블에 앉아 한국에서 가지고 온 김금희의 『너무 한낮의 연애』를 읽으며 큭큭 웃는다. 딸은 파타고니아에서 산 슬링 백을 다른 걸로 바꾸러 갔다. 나는 여유롭게 책을 읽고 휴대폰 메모장에 메모를 한다.

외국이 아닌 우리나라에 있는 듯한 편안한 분위기였다. 이 테이블에 앉아서 노트북을 펼치고 글을 쓰고 싶단 생각이 간절했다. 두어 시간 머물다 소호 거리 인파에 휩쓸렸다. 오후에서 저녁으로 넘어가는 시간이라 사람들이 많아졌다.

구찌 매장에 들어가 구경만 하고 법랑 전문 그릇 가게에 들어가 구경했다. 가게들이 예술적이어서 둘러볼 맛이 났다. 길거리에서 파는 액세서리를 죽 보다가 여럿이 어울려 각기 운영하는 로컬패션 매장에 들어갔다.

딸은 과감한 무늬가 포인트인 보라색 블라우스를, 나는 등 뒤판 전체에 날름거리는 혀가 프린트된 블루 체크남방을 샀다. 좀 비쌌지만 유니크한 차림의 주인은 '뉴욕 브랜드'라며 안 깎아줬다. 깍쟁이 같은 뉴욕 상인은 "뉴욕에만 있어.

못 깎아줘" 한다. 좀 비싸도 여행 와서는 마음이 유해져 충동구매를 하니, 이 원리는 뭘까. 쇼핑 봉투를 들고 밖을 나오니 소호 거리는 밤의 거리로 변해갈 채비를 하는지 가로등이 켜지기 시작했다. 낮과는 다른 밤이 곧 시작될 걸 알지만 여행자인 우리는 내일 일정을 위해 지하철을 타러 갔다.

뉴욕공공도서관에서 보낸 하루

아침부터 김밥을 쌌다. 어제 한인마트에서 봉지쌀, 김, 어묵, 계란, 오이, 참기름, 종이도시락 등을 샀다. 라면, 소금, 나무젓가락 같은 건 집에서 가져왔다. 소금과 참기름을 섞어서 냄비 밥을 한 다음 김밥을 만다. 김발이 없어 도마에서 대충 만다. 여덟 줄 정도 싼다. 아침으로 꽁다리를 먹고 종이도시락에 김밥을 싸서 나간다.

숙소인 맨해튼 39번가에서 걸어서 이십 분 거리에 있는 뉴욕공공도서관에 가기 위해서다. 나갈 준비가 안 된 딸과 나중에 브라이언트공원의 '조커피'에서 만나자고 하고 나는 거리를 둘러볼 겸 먼저 나간다. 맨해튼 거리는 이미 소음으로 가득 찬 상태다. 하루 종일 앰뷸런스 소리가 가시지 않고 사람들은 워터파크 파도풀장처럼 밀려다닌다. 자정이 되어야만 소음은 잠잠해졌다. 아직 아침인데 인파가 장난이 아니다. 일찍부터 하루를 시작하는 사람들은 시간을 아끼느라 매우 분주하다. 여기 살려면 이처럼 부지런해야 할 것 같다. 어째 좀 소름이 돋는다.

구글 지도를 켰는데도 앗 실수, 왼쪽으로 돌아야 하는데 바로 쭉 가버린다. 바둑판 같은 똑같은 거리는 헷갈리기 딱 좋다. 한참 걸어도 내가 아는 브라이언트공원이 안 나타난다. 아니다 싶지만 계속 걷는다. 작은 공원을 지나니 빅토리아시크릿 매장이 나와서 너무 멀리 왔다 싶어 되돌아간다. 이때부터 마음이 급해져 풍경이 눈에 안 들어온다.

한참 걸어가니 며칠 전에 와본 브라이언트공원이 나온다. '브라이언트'는 시인이며 논객이고 변호사였던 사람의 이름이라고 하는데 그가 살던 19세기에는 꽤 사회적 반향을 일으킨 유명 인사였다고 한다. 벌써 다리가 아프다. 조커피를 찾으면서 공원 가운데 어설프게 가건물로 세워진 카페를 대충 보고 지나친다. 공원 맞은편 길 건너에 조커피가 보인다. 작은 매장이다. 들어가서 에스프레소를 시켜 마시고 있는데 딸 전화가 온다.

"엄마, 어디야?"

"조커피에 왔는데?"

"나도 조커피 왔는데 엄마 안 보여."

"아, 공원 건너편 매장에 있어."

"아, 그래? 공원 안 간이카페가 조커피인데."

"뭐가 그리 똑같은 매장이 근처에 많다니?"

"여긴 뉴욕이야. 내가 갈게."

딸이 금방 온다. 커피를 마시고 길을 건너 뉴욕공공도서관에 들어간다. 압도적인 외관을 보자 탄성이 나온다. 아름다운 건물이다. 위엄 있고 엄숙하고 아무튼 멋있다. 1층에서 간단한 소지품 검사를 받고 2층으로 올라간다.

"이런 도서관은 처음이야, 너무 멋져."

딸이 속삭인다.

"어 나도."

널찍널찍한 좌석에 큰 책상 위에 켜진 청동램프가 돋보인다. 다들 책을 읽고 있다. 관광객들도 많다. 관광객에 쓸려 다 같이 둘러본다. 2층을 둘러보고 아까 봐둔 1층 서가로 내려간다. 여긴 조용하고 은밀하기까지 하다. 책장이 죽 있고 거리 쪽으로 놓여 있는 테이블마다 황금램프가 켜져 있다. 이 공간 너무 좋다. 백팩에서 책을 꺼내 읽는다. 딸은 내 앞자리에 앉아 랩탑을 펼치고 글을 쓴다. 따뜻하고 짙은 주황색 램프 불빛 아래 딸과 나는 각자 할 일을 한다.

한 시가 넘어 일어선다. 도서관을 나오면서 1층 숍에서 뉴욕도서관 그림이 들어간 에코백 두 개를 산다. 후배인 L에게 하나 주고 하나는 내가 쓸 요량으로.

도서관 앞마당의 테이블엔 자리가 없을 정도로 사람들

이 가득하다. 뒤편 브라이언트공원에서 김밥을 먹을까 하며 가본다. 거긴 사람들이 더 많다. 오전의 여유 있던 공원이 아니고 도떼기시장이 돼 있다. 다시 도서관 앞뜰로 간다. 겨우 빈 테이블을 찾아 앉아 김밥을 먹는다. 아, 이 맛은 뭐지? 맛있다는 표현으론 부족하다. 거의 황홀한 맛이다. 옆 테이블의 백인 남성은 혼자 앉아 샌드위치와 과일을 우걱우걱 씹고 있다. 테이블마다 도시락을 먹고 있다. 아, 행복해. 딸과 나는 부족함이 없는 충만한 표정으로 서로를 건너다본다.

앨리스 먼로의 책을 발견한 날

여고 친구 5명과 시애틀에서 이틀을 묵고 로키산맥 투어에 나섰다. 현지 여행사를 통해서다. 멋지고 멋진 호수와 산, 계곡을 매일 둘러보고 캐나다 밴프에서 잔 다음 날 재스퍼 시내에서 점심을 먹고 나오는데 길모퉁이에 작은 서점이 보였다. 나는 홀린 듯 바로 들어갔다. 내가 흠모하는 작가 앨리스 먼로의 나라에 왔기 때문에 여행 중 그 생각이 종종 나기도 했고, 이번에도 내 캐리어 속에는 그의 단편이 두 권이나 들어 있기 때문이다.

여행 중에 나는 잠들기 전에, 혹은 조식을 먹으러 가기 전에 여유 있으면 책을 읽으며 하루를 시작하는 게 버릇이 되었다. 캐나다의 최고 작가니 그의 책이 있을 거라 확신했다. 일단 매대를 죽 둘러보니 앨리스 먼로가 단박 눈에 들어왔다. 얼른 책을 손에 드니 익히 아는 그의 사진이 표지에 있었다. 흰 블라우스에 백발 커트머리를 하고 화사하게 웃는 먼로의 사진은 그의 책에 대표적으로 실리는 사진이다. 책은 두껍지만 가벼웠다. 책 제목이 『나의 스토리, 앨리스 먼로의 대표선집』이었다. 단편 17편이 실려 있다. 앨리스 먼로(1931~2024)는 캐나다의 소설가로 단편소설을 주로 썼고 2013년 노벨문학상을 받았다.

    나는 생존영어도 버벅거리는 수준이지만 사전을 들고 읽을 거라 작정하면서 얼른 그 책을 샀다. 책값은 2만 5천 원 정도였다.

    집에 와서 책을 꺼냈다. 가장 좋아하는 단편 「런어웨이」를 펼치고 두 장까지 사전을 검색해 가며 읽다 그만두었다. 괜찮다. 소장만으로 행복하다. 사실 우리나라에 나와 있는 먼로의 책을 나는 다 가지고 있고 몇 작품은 외울 정도로 여러 차례 읽었다. 몇 번씩 읽은 작품은 「런어웨이」 「미움 우정 구애 사랑 결혼」 「행복한 그림자의 춤」 「곰이 산을 넘다」 등이다. 밑줄을 치며 수없이 읽어본 작품들이다.

    나는 앨리스 먼로를 알게 된 2013년 이후로 그에게 빠져 살았다. 왜 이 작가를 일찍 알지 못했을까 싶었다. 사실 노벨문학상을 받기 전까지 먼로의 책은 우리나라에 겨우 두세 권만 나와 있었다. 노벨상을 받은 이후로 출판사들이 앞다퉈 출판한 걸로 알고 있다.

앨리스 먼로를 알고 나는 내 소설의 방향을 바꿨다. 그의 책을 읽으며 전율했고 아, 소설은 이런 거지, 생각했다. 내 시야가 확장됨을 느꼈고 생각도 진화했다. 그의 안에서 나온, 누구도 따라 할 수 없는 독창적인 문장을 나는 호들갑스럽게 받아들였다. 스승 같고 선배 같고 멘토 같은 작가를 만난다는 건 인생 최고의 행운이란 생각이 들었다. 좋은 벗이나 스승을 만남으로써 인생의 이념과 가치관이 달라지듯이 말이다.

나는 새삼 산문의 우아한 매력을 그의 소설을 읽으면서 더욱 느끼게 됐다. 이후 먼로는 내 글쓰기의 스승이 된다. 먼로는 우리 엄마와 비슷한 연배의 소설가다.

그는 실지로 멋쟁이에 여유 있는 삶을 살며 소설을 썼다고 한다. 그래선지 작품에는 패션에 대한 묘사가 많이 나온다. 나도 먼로를 따라하다 보니 룩에 대한 묘사가 점점 늘어났다.

내 책장 위 칸에는 먼로의 책들이 꽂혀 있다. 헤매지 않고 바로 빼 볼 수 있게 좋아하는 작가의 책 칸을 따로 만들었다. 앨리스 먼로, 볼프강 보르헤르트, 프랑수아즈 사강, 밀란 쿤데라, 레이먼드 카버, 은희경, 조경란 등등. 좋아하는 작가는 셀 수 없이 많고, 좋은 책에서 지혜와 사는 법을 배우니 나를 키운 건 작가와 책이고, 그 영향을 받으며 성장하는 것은 인생의 귀한 덕목이 아닐까 싶다. 그때는 좋아했는데 지금은 별로인 것도 있고 새롭게 다가오는 것에 빠지기도 한다. 세월이 가도 변함없이 좋아하는 게 있다는 건 나를 위한 행복 아닐까.

바로크 도시 모디카

시칠리아 바로크 도시 중 한 곳인 모디카는 카타니아 공항에서 버스로 두세 시간 걸린다. 모디카에 베이스캠프를 정하고 근처 도시를 둘러볼 계획이었다.

바로크 도시의 시그니처는 바랜 듯한 모래색이다. 아주 오래된 도시로 전체적으로는 유구한 역사의 비장미가 느껴지고 절대적인 퇴폐미를 그 아래에 깔고 있다. 그것은 도시들이 석회사암으로 지어져 노란풍의 빛바랜 색이어서다. 아주아주 오래되어 낡은 듯한 풍경은 가히 압권이었다.

모디카, 노토, 라구사, 세 곳을 '바로크 도시'라고 부른다. 집들은 산 지형을 따라 지어지고 실지로 오래된 유적지 같다.

바로크 도시들은 비슷한 분위기다. 세상 어디에도 없을 듯한 유니크한 그 도시를 둘러보는데, 잊히지 않을 아름다움이 있었다. 시간이 멈춘 듯한 마음이 저절로 드는 것은 과거에 멈춰버린 현재이기 때문이다. 퇴색한 컬러의 집들은 멋스러움이 있지만 이 도시에 사는 주민들은 불편하고 판에 박힌 일상을 반복하는 느낌일 것도 같다. 불편하지만 받아들이고 소박하게 살며 고유한 문화를 지키는 그들이 존경스러웠다. 여행자인 나는 이런 도시에서 살아보고 싶단 생각이 저절로 든다. 몇 달만이라도.

SNS로 모디카 가이드를 섭외해서 만난 발레리와 이틀을 동행했다. 발레리 덕분에 모디카와 라구사 시내를 안내받고 현지 맛집도 소개받았다. 그 유명한 초콜렛 가게 안티카 돌체리아 보나후토에서 체험도 했다.

며칠을 자유롭게 지내다 떠나오기 전날 밤, 모디카 야경 투어를 발레리에게 특별히 부탁했다. 해가 막 넘어가는 시각, 두오모 성당 앞에서 할아버지가 모는 세 칸짜리 꼬마기차를 타고 모디카 언덕 꼭대기에서 내렸다. 야경을 보며 몇 개의 성당과 골목길을 빙빙 돌아 내려오는데, 산 피에트로 성당 앞에서 발레리가 "저 성당에서 5년 전에 결혼했어" 한다. "결혼하니까 좋아?" 하고 물으니 수줍게 얼굴을 붉힌다. 그러면서 그녀는 오래전 우리네 대문에 붙은 '방 있음' 같은 글을 가리키며 말한다. "빈집 표시야. 여긴 빈집이 많고 싸. 와서 살아도 돼. 1유로짜리 집도 있어." 'vende'라고 쓴 '세놓음' 표시 종이짝이 벽에 나달거리며 붙어 있다.

마지막 밤이라 아쉬워 발레리가 추천한 해산물 식당에 갔는데, 음식이 맛있어 와인 몇 병을 비웠다. 시칠리아는 어느 식당을 들어가도 음식이 맛있고 와인 또한 기가 막혔다. 시칠리아에는 와이너리가 많은데 대규모 와이너리보다는 개인이 하는 소규모 와이너리가 많다고 한다. 그래서 라벨을 안 붙인 채로도 판다고 한다. 몇 병 사 온 시칠리아 와인은 정말 끝내주게 맛있었다.

바로크 지역은 유적지를 연상시켜 좀 쓸쓸하면서도 방랑자 같은 이미지였다. 바라만 보면서 오래 앉아 있고 싶은 그 풍경에서 위로를 받았다.

바닷가 마을 포잘로

 시칠리아 일정이 거의 끝나가자 나와 몇몇 사람들은 와이너리 투어에 빠지고 모디카 근처 작은 도시를 둘러보기로 했다. 봉고차를 운전하는 피에로 아저씨가 두세 군데를 추천해 주셨다. 모디카 펠리스 호텔을 출발하고 얼마 안 지나서 산자락에 촘촘한 라구사의 집들이 보인다. 산등성이를 빼곡히 채운 노란풍 집들과 사암 색상의 절묘함은 이루 말할 수 없이 아름답다. 아름답다는 말 말고 다른 표현을 쓰고 싶은데 '절대적'이라는 말밖에 떠오르지 않는다. 시칠리아의 바로크 도시가 다 이 근처에 위치해 있는데, 특히 라구사 산자락의 집들에는 아름다움을 넘어 마음을 저릿하게 만드는 뭔가가 있다. 보는 순간 어떤 전율이 일 정도였다.
 시클리 시내를 각자 돌아보기로 하고 일행과 흩어져 혼자 걸으며 한적하게 오전을 보냈다. 읍 정도 되는 시가지엔 사람이 별로 없다. 한가하고 조용한 골목을 술렁술렁 돌아다니다 사진 찍고 성당에도 가고 바에 들어가 커피도 마시고 골목길을 누볐다. 성당 앞 옷가게에도 들어갔다. 그야말로 배낭 메고 유유자적 시간을 보내는 여행자의 어느 하루 일상이다.

시클리 성당 앞 뮤지엄 건물 한귀퉁이에 붙은 옷가게에서 그만 코트를 사고 말았다. 처음 가게에 들어갔을 때 코트가 내 눈길을 사로잡았는데 사지 않고 다시 나와 돌아다니다 계속 생각이 나서 사버린 것이다. 그래도 지를 마음까진 없었는데 길에서 만난 일행 중 하나가 "언니 이 근처 옷가게 있다던데 어딘지 알아?" 하고 묻기에 가르쳐주고 돌아서다 다시 그녀를 뒤따라 들어가 버렸다.

아까의 그 코트를 몸에 대보고 고민하는데 날씬한 주인이 와서 척 걸치더니 "멋져. 사!" 한다. 일행인 그녀에게 "다시 좀 봐줄래, 괜찮니?" 하니까 본인 옷 고르느라 정신없는 그녀가 대충 "멋진데 사버려" 한다. 이렇게 해서 결국 사고 말았다. 바둑판 체크무늬 캐시미어 코트 밑단에 술이 주렁주렁 달린 다소 개성 있는 옷이라서 망설였는데, 결국 문제의 술 때문에 사버린 것이다. 지금도 가끔 꺼내 입으면 시클리 옷가게가 떠올라 기분이 새롭다.

이 오래된 작은 마을도 젊은이들은 큰 도시나 이탈리아

본토로 떠나버렸는지 할 일 없는 노인들이 군데군데 모여서 한담을 나누며 여행자인 나를 힐끗거린다. 쇠락해가는 마을 풍경이 어딘가 쓸쓸해 보인다. 젊은이들은 도시로 떠나고 노인들만 남아 사는 곳을 지키는 것은 세계 어디나 비슷한가 보다.

한적해서 좋지만 좀 쓸쓸한 시클리 마을을 뒤로하고 점심은 지중해가 보이는 언덕의 허브 자연 음식점에서 먹었다. 엔초비를 넣은 파스타와 샐러드와 와인과 이름도 잊어버린 여러 가지 음식을 먹고 저 아래 보이는 바닷가 마을 포잘로로 갔다.

포잘로 역시 읍 정도 되는 바닷가 마을이다. 시칠리아에서 몰타로 갈 때 가장 손쉽게 갈 수 있는 항구다. 피에로 아저씨는 우리 일행을 포잘로에 내려주며 한 삼십 분 정도면 다 둘러볼 수 있다고 한다. 그러나 웬걸, 포잘로에서 세 시간 이상 머물렀다. 해안가 모래는 진흙같이 부드럽고, 끝없이 막막한 바다를 바라보면서 가슴으로 바람을 맞으며 달려보는 기분은 최고였다. 그처럼 드넓게 시야가 트인 바다는 처음이었다. 시골스런 아름다움에 반해 나오는 대로 노래를 부르며 객기 부리듯 파도를 따라 뛰었다. 스카프를 휘날리며 마음껏 광란의 질주를 하며 바다를 즐겼다. 누가 보면 꼭 미친 사람 같았을 텐데, 미친 여자 같은 행동을 해본 것이 그럴 수 없이 짜릿했다.

　시내는 직선 모양의 거리 주변으로 마을이 형성돼 있는데 시골이라 번듯한 데는 없어도 펍을 겸한 카페가 나름 멋있었다. 나는 그냥 이곳에 있다는 자체를 즐겼다. 몰타로 가는 항구는 십 분 거리에 있다고 한다. 포잘로 같은 곳은 어쩌면 내가 여행할 미래 어느 날에도 못 올 곳이었다. 시칠리아의 작디작은 바닷가 마을과 바로크 도시들은 잊지 못할 기억으로 남았다.

베네치아는 길 잃기 딱인 곳

베네치아 골목을 돌아다니면 길을 잃지 않는 게 더 이상하다. 산 마르코 성당 바로 뒤의 골목을 가본 사람들은 알 것이다. 미로도 그런 미로가 없다. 어깨가 부딪힐 정도로 사람은 많고 상점은 빽빽하고 골목은 좁다.

내가 가장 사랑하고 가도 가도 가고 싶은 나라는 단연 이탈리아다. 이탈리아의 무엇이 나를 끄는지 나는 안다. 이탈리아인들은 문학 장르 중에서 소설을 가장 많이 읽는다고 들었다. 국민들이 아무렇지도 않게 오페라를 부르고 멋진 건축물과 패션이 그 영향 아래 있으니 얼마나 감수성이 뛰어날 것인가.

이탈리아에는 유럽의 많은 나라와는 다른 차별성이 있고, 삶의 향기가 있다. 절대적으로 아름다운 풍경이 있고 거리와 골목이 있고 최고의 음식이 있고 아름다움에 관한 여행의 모든 것이 있다. 내가 가본 아름다운 소도시는 다 이탈리아에 있었다. 촌락처럼 산기슭에 터를 이룬 도시들은 이탈리아에 산다 해도 다 가보지 못할 만큼 많다. 감탄스럽게 바라보게 되는 산기슭의 힐타운은 오랜 역사에서 외적의 침입을 겪으면서 방어적으로 형성된 마을이다.

이렇게 말하니 내가 가본 도시가 많은 것 같지만 실은 얼마 안 된다. 피렌체, 시에나, 라스페치아, 산 지미냐노, 오르비에토, 반뇨레조, 베로나, 아시시, 코르티나 담페초, 시르미오네…… 그러고 보니 정말 몇 도시 안 된다.

내가 간 곳은 고작 이 정도지만 읍 같은 작은 도시는 얼마나 많을 것인가. 도시라고 생긴 이탈리아의 도시는 다, 다 가보고 싶다. 한곳에서 며칠씩 머무르고 싶다.

딸과 베네치아에 갔을 때는 한여름이었다. 덥지만 다닐 만했다. 햇빛은 강해서 달군 철판 같았지만 그늘에만 가면 서늘해서 참을 수 있었다. 산 마르코 광장의 종탑에 올라가기 위해 20분쯤 줄을 서서 기다렸다. 올라가자마자 탄성이 절로 나왔다. 안 올라왔으면 큰일 날 뻔했다.

광장의 넓은 길을 걸어 수많은 상점을 들어갔다 나오며 구경하다 보면 어딘가로 한없이 가고 있는 나 자신을 발견하게 된다. 시간도 잊게 만든 베네치아 골목 탓이다. 더없이 작고 아담한 우물이 있는 작은 광장에 홀려 앉아 있다가 여기가 어디지? 깨달았을 때는 산 마르코 광장에서 너무 멀어져버린 후였다.

우물 광장에 오기 전 딸과 나는 말싸움을 했다. 사소한 이유였을 텐데 지금은 잊어버렸다. 카페에서 커피와 피자를 먹고 나온 후 유리 장식품이 진열된 가게 앞에서 싸움은 시작되었다. 수십 개의 유리 장식품 가게와 와인 가게와 기념품 가게를 지나쳤다는 것만 기억난다. 제법 격렬한 말다툼을 벌인 후 서로 입을 닫고 얼굴도 보지 않은 채 딸과 나는 무작정 걸어가다 골목 깊숙이 들어가 버렸다. 상가가 끝나고 좁은 집들이 다닥다닥 붙은 걸 보니 얼마나 멀리 와버린 건가 싶은 마음이 절망스럽게 드는데 마침 우물이 있는 작은 광장이 나왔다. 나와 딸은 아이스크림 가게에서 내놓은 테이블에 털썩 주저앉았다. 다리가 너무 아팠다. 싸움 뒤라 어색하게 앉아 있다가 동시에 아이스크림을 사러 갔다. 딸이 멋쩍게 웃으며 "내가 살게" 했다. 나는 엉덩이로 딸의 엉덩이를 살짝 쳤다. 바로 풀린 것이다. 다시 골목을 걷는데 번화가는 끝난 지 오래였고 삶의 흔적이 보이는 본격적인 주거지의 좁은 골목이 이어졌다.

여기서는 길을 잃었을 때 지나가는 이에게 '산 마르코'만 물으면 모든 것이 해결된다.

"웨얼 이즈 산 마르코?"

드디어 산 마르코 광장에 오니 우리가 뒷골목에서 얼마나 많이 헤맸는지 알 수 있었다. 길만 안다면 어렵지 않게 찾았을 거리였다.

베네치아를 떠나기 전 항구에서 배를 기다리는데 석양 무렵이었다. 말로는 뭐라고 설명할 수 없는 베네치아 항구의 선셋은 가히 압권이어서 자연스럽게 이런 생각마저 들었다.

'이 항구에서 누군가를 만난다면 바로 사랑에 빠질 수 있겠다.'

내 곁에는 오직 한 남자, 깃발 든 가이드 아저씨 한 사람뿐이었다.

Part 4

여행의 기억은 미화된다

처음은 설레고 벅차다

첫 유럽 여행을 갔을 때 충격을 받았다. 그림이 들어간 간판 글씨는 작고, 구불구불한 골목에는 예쁜 가게가 숨겨져 있고, 내 앞에 펼쳐진 거리의 모든 것이 로맨틱했다. 간판도 예술적이어서 감탄했고, 가게도 어쩜 그리 옛집을 잘 살려놓았는지. 집과 골목은 또, 말할 것도 없었다. 겉은 그랬다. 온통 아름답고 꿈꾸는 듯한 풍경들로 채워진 여행서 같았다. 아무 데서나 사진을 찍어도 멋진 한 컷이 완성되었다. 이런 곳에 내가 오다니, 경이롭고 아찔한 순간들이었다.

첫날부터 대형버스를 타고 암스테르담에서 인스부르크까지 거의 열 시간을 이동했다. 창밖에는 상상하던 유럽의 풍경이 꿈처럼 펼쳐지는데 막상 도착한 식당은 매우 비좁고 격식만 차린 느낌이었다. 테이블보와 커다란 접시, 포크 나이프 같은 것들은 세련됐는데 밥은 맛이 없고 입에 안 맞았다. 커피는 왜 그토록 쓰고 진한지. 호텔은 아름답기는 한데 방도 침대도 비좁아 얼마나 조심스럽던지, 차츰 적응이 되긴 했지만 말이다.

"이들은 체구가 큰데 침대는 왜 이렇게 작은 거야?"

남편에게 말하니 "한 사람은 바닥에서 자야겠다. 둘이 자기에 너무 비좁아" 했다.

침대에서 떨어지지 않으려고 몸도 못 돌리고 겨우 새우잠을 잤다. 화장실 또한 몸을 돌리지도 못하게 비좁아 샤워도 불편했다. 모든 게 빈티지하고 아름다운데 실상은 불편했다. 그래도 유럽이 좋았다. 불편한 걸 뛰어넘을 만한 것이 있었는데 그것은 아름다움이었다.

유럽에 처음 간다고 옷도 사고 캐리어도 새로 샀다. 옷은 그런대로 괜찮았는데 가지고 간 구두를 딱 하루 신었더니 발이 까졌다. 벗어서 버리고 싶었지만 그래도 다시 들고 왔다.

첫 유럽이라 모든 게 신기했다. 암스테르담 스키폴공항에 내려서 태그 달린 캐리어부터 시작해 눈에 보이는 대로 셔터를 눌러댔다. 몸은 피곤한데 잠이 안 와서 며칠을 뜬눈으로 새우고 여행을 계속했다. 밤마다 비몽사몽한 상태로 얕은 잠을 자니 매일매일이 피곤에 절어 있었지만 피곤한 줄도 몰랐다. 바로 변비가 시작되더니 며칠 뒤에는 혼자 화장실에서 면봉으로 파내야 할 정도가 되었다. 변비 문제는 돌아와 인천공항에서 자동으로 해결됐다.

·

여행 마지막쯤이 되니 내 얼굴은 살이 빠져 피골이 상접하고 변비와 불면으로 인해 피부는 누렇게 뜨고 초췌했다. 광대뼈만 도드라진 홀쭉한 몰골을 보니 흉측하단 생각이 들었다. 그러나 집에 오자 그런 건 다 잊고 사진을 보며 여행의 추억에 빠져들었다. 언제 또 가보나? 곧 또 가야지 했다. 여행이란 이런 것이다.

막상 도착한 도시의 관광객용 식당 음식은 형편없어도, 유명 관광지에서 사진만 찍었어도, 틈날 때마다 사진을 들여다보며 거짓 상상을 보태 내 머릿속에 환상적인 여행으로 저장했다. 더구나 나중에는 쓸데없게 된 기념품이 집 구석구석에서 얼마나 나오는지, 버리지도 못했다. 가는 데마다 기념품을 사서 귀국할 때 캐리어 무게가 넘을까 봐 노심초사했던 걸 떠올리면 웃음이 난다. 여행 마지막 날 가이드는 '짐 싸는 법' 강의까지 했다. 그때의 기억은 환상적일만큼 나중의 나를 기쁘게 해주었다. 첫 여행의 추억은 지금도 나를 설레게 한다.

좋은 곳에 오면 눈물이 난다

왜일까. 특히 뷰가 좋은 곳에 오면 눈물이 난다. 사람들이 곧잘 말하는 이 현상이 어김없이 내게도 나타난다. 좋은 것을 보면 감정이 북받쳐 원초적인 감성이 생겨서일 것이다. 이토록 좋은 곳을 보며 슬픈 감정을 느끼고 눈물을 흘리다니. 조금쯤 순수한 어린아이의 감정에 빠지는 이 달콤함이 참 좋다. 슬프면서 달콤한 감정, 이것도 여행의 맛이다. 한껏 감정의 사치에 빠져서 순간을 즐기는 것도 여행이라서 가능하다.

가장 사랑하는 사람이 생각난다. 같이 왔으면 좋았을 텐데. 집에 가면 바로 잊지만 여행지에선 항상 그렇다. 돌아가신 엄마가 생각나고 남편한테도 고맙고 아이들한테도 고마운 마음이 든다. 그런 날은 호텔에 가면 반드시 집에 전화를 한다.

대부분의 주부가 그렇듯이 얼마라도 아껴 가계부를 줄

여 살려고 노력했다. 싼 걸 찾아 먼 거리까지 원정 가는 건 기본에 특히 나 자신한테 아끼고 살았다. 왜 나를 홀대하고 살았을까. 가족에게는 돌봐야 할 의무감을 가지면서 나 자신한테는 소홀했다. 그마저도 모르고 살았다. 타국의 먼 여행지에 와서야 왜 이런 생각이 드는 걸까.

집에서는 당연했던 것이 좀 서글프고 짠하게 느껴지는 것도 여기가 집이 아니어서다. 우리 엄마의 일생과 뭐가 다를까. 엄마처럼 안 살려고 했는데. 엄마는 왜 그리 궁상맞게 안 먹고, 안 입고, 안 가고, 아끼고 희생만 하고 사셨을까. 그 시대 엄마들은 대부분 그랬다. 나는 그런 엄마를 보면서 엄마처럼 안 살아야지 했는데 지금 보니 엄마랑 무척 닮은 삶을 살고 있었다. 시대가 변한 만큼 풍족하고 여유롭긴 하지만 기본적인 마인드는 별로 달라진 게 없다. 그래도 나는 시대를 잘 타고나서 중년이 지나서일망정 자유롭게 여행 다니고 추구하는 것을 실행하는데.

결혼과 동시에 시들어버렸던 감성이 이제야 새로 눈을 뜬 모양이다. 그러니 좋은 곳에 오면 나 자신이 새삼스레 보이는 것 또한 이상한 일은 아니다.

잃어버린 것을 돌이키거나 잊어버린 것이 내 앞에 온들 나는 그때의 내가 아니다. 이미 그것은 소용없어졌다. 범위에서 벗어나면 물건이나 마음이나 사람이나 다 소용없게 된다. 그러니 언제나 '그때'가 중요하다. 놀기만 하던 내게 엄마가 귀에 딱지가 붙도록 한 말 "뭐든 때가 있는 법이다"가 불쑥 생각난다.

인생은 아이러니해서 내가 좋아하는 이는 도망가고, 나를 쫓아다니는 이한테서는 도망치고 싶다. 마음에는 드는데 싫은 점이 더 거슬린다. 하자니 선뜻 안 내키고 안 하자니 아쉽다. 누구 주기는 아깝고 내가 하기는 싫다는 우스갯말처럼 인생도 그런 면이 많았다. 내가 고민하니 상대방이 말했다. "할까 말까 고민하면 안 하는 게 정답"이라고. 그러면서 덧붙인다. "살까 말까 고민이라면 사라"고. 그래서 나는 해도 그만 안 해도 그만일 때는 안 하는 걸로 가닥을 잡았다. 안 하면 후회가 남을 것만 하기로 말이다. 인생에는 딱히 정답이 있는 것이 아니어서 이러지도 저러지도 못할 때가 태반이었다.

너무 늦게 깨달았더라도 늦은 건 아니라고 생각하기로 했다. 짧다면 짧고 길다면 긴 게 인생, '현재는 소중한 것'이니 과거보다 미래보다 언제나 현재에 방점을 두게 되었다.

여행이라고 다 좋은 건 아니다

여행 중에는 좋은 곳을 가니 다 좋기만 할 거라고 생각하는데 사실 순간순간 힘들 때가 있다. 잠 잘 못 자고, 긴 이동에 몸도 지치고, 음식 안 맞고, 차 놓치고, 길을 잃고 암담한 때도 있다. 지나고 보면 추억이지만 그 당시에는 내 자신의 무능에 눈물을 흘린 적도 있다.

현지인의 쌀쌀한 시선을 느낀 적도 많다. 뭘 물어보았을 때 돌아오는 귀찮다는 듯한 냉소적인 시선은 나를 주눅 들게 했다. 그럴 땐 내 자신이 더없이 초라해진다. 여행이 주는 자유로움이 좋기도 하지만 순간순간 마음 둘 데 없는 외로움에 공허해지기도 한다. 의지가지없이 혼자서 모든 걸 해결해야 하기 때문이다.

아름다운 풍경, 멋진 건물 앞에서 감상에 젖는 것도 잠시, 현지인이 아니라서 서러움 당한 적이 많은 터라 매번 현지인에게 묻기도 뭐해 혼자서 찾는다고 헤맨 적 부지기수다.

갈 장소를 찾기도 전에 다리가 아파서 포기하고 싶었던 적도 무지 많다. 돌고 돌아 찾다 보면 아까의 길이 또 나와서 그 자리만 수없이 돌기도 한다. 아니면 너무 멀리 와버려서 돌아가기 암담한 기분을 느끼고는 한다. 주눅이 잔뜩 든 나는 묻기를 여전히 망설인다. 그래도 용기 내 어리버리하게 물으면 그곳 사람들은 내 말을 못 알아듣는지 바쁘게 지나쳐 가버린다. 그래서 생각한 게 지도나 주소를 상대의 눈앞에 척 들이미는 것이었다. 친절히 가르쳐주는 이도 있고 바쁘다고 중얼거리며 차갑게 가버리는 이도 있다.

나는 복수라도 하듯 누구에게인지 모를 터무니없는 욕을 한다. 나 같으면 안 그럴 텐데 정말 못됐네, 하고. 바가지 쓴 적도 꽤 있다. 잘 몰라서 노천카페에 앉아서 종업원이 묻는 대로 다 "예스" 했더니 금액이 턱도 없이 나왔다.

그러니 뭘 물어보거나 할 때는 과하게 웃음 짓는 나 자신을 발견한다. 뭘 사거나 음식을 주문할 때도 한없이 온화한 표정을 짓는다. 내 나라가 아니니 '을'의 위치에 있다는 열등한 마음이 된다. 그런 걸 느껴서인지 여행 중에는 씩씩해지고 강해지려고 한다. 연약하게 안 보이려고 부러 씩씩한 표정을 얼굴에 써서 다닌다. 혼자서 밥을 먹어도 맛있게 먹는 척 연기한다. 사실 현지 음식 안 맞는 게 대부분이다. 여행 이틀만 지나면 한식 생각이 절로 든다. 혼자니 좋은 뷰의 식당을 간다. 처음엔 좋은 식당 가기가 부담스러웠다. 혼자서 턱하니 좋은 자리 차지하고 즐기면 욕먹겠다 싶고 혼자서 꾸역꾸역 먹는 모습을 보이기 싫었다.

해보니 별거 없었다. 자꾸 하니 당연해졌다. 혼자라는 부담이 느껴지면 2인분을 시켰다. 각각의 메뉴를 조금씩 맛봤다.

일행이랑 여행을 가면 끌려 다니는 듯한 기분이 싫었다. 상대에게 맞추려고 하다 보니 며칠만 지나면 서로 피곤해하는 게 눈에 보인다. 2박 3일 정도의 짧은 일정은 괜찮지만 장기 여행은 힘들다는 걸 실감한다.

둘이서 좋은 것이 있고 싫은 것이 있다. 혼자서 좋은 것은 홀가분한 자유이고 안 좋은 것은 조금 심심하고 쇼핑 때 봐줄 이가 없다는 점이다. 일행이 있어서 스트레스 받는 것보다 혼자서 조금 심심한 편을 나는 택하게 됐다.

사랑이 끝난 후에 드는 감정

먼일 같고, 삭막한 풍경 같고, 기억의 오류 같고, 시든 단풍잎처럼 물기 없이 버석거리는 남 이야기 같은 어떤 감정은, 사랑이 끝난 후에 드는 감정이다. 끝났기 때문에 변질된 마음이다. 실연 후의 상처 때문이다.

이별의 전과 후, 딱 하루 사이에 감정은 달라진다. 마지막으로 만나서 이별을 통보하고 상대가 알았다는 표정을 하는 순간 생과 사처럼 마음이 바뀐다. 내 쪽에서 이별을 통보했으나 마음은 말할 수 없이 서글프다. 그래도 해야 했다. 미적거림을, 불분명함을 좋아하기 않기에. 나는 대체로 극명해서 상대에게 상처를 주기도 한다.

상대와 더 이상 할 말이 없어졌다. 하지 못해 안타까웠던 무수한 말들은 사라졌다. 서로를 끌어당기던 강한 자석 같은 전류는 어디로 사라져버린 걸까. 아까의 풍경이 눈에 들어오지 않고 아무것도 보이지 않는다. 허무라는 말은 이럴 때 적

합하다.

사랑이 끝난 후에는 쓸쓸하다. 이별은 힘든 일이다. 공허가 한가득 차면 나는 어딘가로 속 떠난다. 아니 떠나본다. 벌써 기분이 달라진다. 떠나오길 잘했다. 이별 끝의 공허롭고 마음 둘 데 없던 얼마 전이 전혀 기억에 없다. 단지 떠나왔을 뿐인데 말이다.

캐리어를 끌고 집을 나서는 순간, 가슴 떨리는 내가 느껴진다. 공항에 도착해 보딩패스를 받고 면세구역을 통과해 게이트를 찾아서 앞에 서는 순간 이미 여행의 절정이다.

여행은 새로 시작된 연애와 같다. 불과 얼마 전에 끝난 사랑의 뒷감정은 쓸쓸히 퇴장했다. 다시 새롭게 시작된 여행처럼 사랑의 새 감정이 없으리란 생각은 말자. 도착한 도시에서 사랑 말고도 가슴 떨리는 일은 얼마든지 일어날 것이다. 새 숙박지, 새로운 거리, 새 관광지가 곧 펼쳐질 것이고 가는 곳은 새롭기 때문에 들뜰 것이다. 뭐든 '새로운' 것은 좋다. 신선하기 때문이다.

도착 첫날은 여독으로 깊은 잠을 자고 다음 날부터 사뿐한 마음으로 준비해 간 옷을 입고 일행과 같이 또는 혼자서 길을 나선다. 그때의 설렘은 이미 새로운 사랑에 빠졌다는 증거다.

호텔의 차가움

처음 여행을 갔을 때는 호텔에 묵는 것 자체가 근사했다. 유럽 소도시의 호텔은 대부분 빌딩이 아닌 주택 같은 외관이었다. 가정집 같은 호텔은 따스한 분위기고 예술적이어서 감탄스러웠다. 룸에서 보이는 바깥 풍경은 자연적이고, 발코니 턱에 걸쳐진 화분과 마당의 장미나무는 아름다웠다.

순결한 느낌의 새하얀 침대 시트는 한 뼘의 오차도 없이 각이 잡혀 있어서 잠을 자기 위해 이불을 빼낼 때는 팔이 아팠다. 간단한 서구식 조식조차 '심플하니 다이어트에도 그만'이라는 생각에 장점으로 칠 정도였다. 저녁 먹고 난 후 리셉션 바에서 즐기는 맥주 한 잔은 하루의 마감으로 훌륭했다.

소박하고 오래되어 엔티크한 분위기를 풍기는 아늑한 호텔은 사랑스러웠다. 심지어 무거운 열쇠 꾸러미도, 감옥 느낌이 나는 수동 엘리베이터도 현지의 호텔 이미지에 잘 어울렸다. 아름다운 무늬의 타일이 깔린 좁은 욕실의 지린내도 참을 만하고, 삐걱거리는 나무 계단도 즐겁게 이용했다.

가는 호텔마다 구식이었는데 앙증맞고 예쁜 내부에다 바깥의 거리나 숲이 보이는 것도 그럴 수 없이 좋았다. 욕실에 밴 냄새까지도 이해가 되었다. 지은 지 오래되었으니 냄새가 밸 수밖에 없다고.

여행이 계속되고 호텔에 대한 환상이 깨지기 시작했다. 한 줌의 먼지도 허용하지 않는, 도도하고 차갑고 머리카락 한 올 없고 조금의 실수도 없는 완벽하게 각이 잡힌 침대 시트와 타올, 이불, 베개, 그 모든 것이 인간미라곤 없게 느껴진 건 언제부터인걸까.

여행이 계속되는 지금은 호텔 하면 차가운 감정이 먼저 든다. 내가 지불한 페이만큼, 더하지도 못하지도 않다. 딱 돈만큼 제공하는 서비스는 야박한 도시 깍쟁이 같다. 특히 겨울철에 이국의 호텔방에 누우면 내 아파트가 미치도록 그립다. 침대 패드 밑에 덧깐 전기요가 특히 그립다. 내 침대는 밤새 세상을 휘젓듯 잠덧을 하고 자기에 충분히 크고, 포근한 이불은 내 몸을 따뜻하게 감싸준다. 부엌은 뭐든 만들어 먹을 수 있고 옷은 옷장에 착착 걸려 있어 그때그때 골라 걸쳐 입고 나가면 된다. 20년 된 내 아파트가 특급호텔보다 낫다.

호텔식으로 계산하면 내 아파트 하루 숙박비는 얼마일까? 엉뚱한 상상도 해본다.

여행이 잦을수록 호텔의 느낌이 달라져 갔다. 처음만 좋았다는 생각이다. 호텔의 새하얀 시트는 왜 그리 얇은 종이 같은지, 포근하게 몸을 감싸주지 않고 몸에 뜨고 서걱거리는지, 영원히 적응이 안 되고 정이 안 든다. 객실 담당 직원은 왜 이불을 침대 모서리에 꽉 쑤셔 넣어서 뺄 때 힘들게 하는지. 특히 겨울에는 서걱이고 겉도는 이불이 추워서 밤에 몇 번을 깬다. 드라이기를 이불 속에 몇 초 쐬어주고 침대에 들어가면 한결 포근한데 성능 약한 드라이기는 욕실에 고정돼 있다.

튀르키예 파묵칼레의 오래된 호텔에 묵었을 때, 방 안은 온통 엔티크 가구들로 멋스러웠다. 아름답지만 차가운 타일 바닥에는 얇은 러그가 깔려 있고 방에만 여섯 개나 되는 조명은 은은한 분위기를 만들어주었다. 벽에 걸린 그림까지도 방과 썩 잘 어울렸다. 분위기로만 보면 최상이었다. 유럽의 오래된 호텔은 대부분 이랬다.

문제는 2월이라 무지 추웠다는 것이다. 밤새 떤다고 한잠 못 잤다. 자다가 일어나 캐리어에서 여벌옷을 꺼내 껴입고 양말을 두 개나 신어도 한번 떨리기 시작한 몸은 멈춰지지 않았다. 결국 나는 새벽 세 시에 누운 채로 울어버렸다. 옆의 딸은 아이 추워, 하면서도 쌕쌕 고른 숨을 쉬며 자다 깨다 한다. 그 추웠던 파묵칼레의 밤의 기억이 영원히 남기는 했다. 겨울에 유럽 여행은 아니라는 교훈을 얻었다.

여행을 마치고 집으로 돌아오면 잠깐 머문 호텔이 그립고, 거리가 그립고, 광장이 그립고, 심지어 저녁마다 장 보던 마트까지 그립다. 사소한 모든 것이 그립다. 그 이유는 뭘까. 이방인이기 때문일 것이다.

지금 나는 호텔 하면 차갑게만 느껴진다. 호텔을 집 삼아 사는 사람들이 불쌍하다는 생각까지 든다. 아무리 성공해 돈이 많아도 호텔을 집 삼아 떠돌아다니는 사람이 부럽지 않은 이유다.

여행하면 눈이 트인다

세상은 급격히 변화하는데 나만 변하지 않으면 뒤처지고 쓸모없는 사람이 된 듯하다. 옛날 사람이라는 말은 듣고 싶지 않다. 성격이나 가치관이 급격히 변할 리는 없지만 변하고 싶다고 의식에 집어넣고 살면 조금이라도 변한다는 게 내 생각이다.

여행하면서 우선 느낀 건, 여행 중엔 참 많은 걸 알아가고 깨달아가고 체득하게 된다는 것이다. 여행지에서 나는 매번 신선한 충격을 받는다. 무지하고, 편견에 사로잡혀 있고, 자기애에 빠져 주관적이고, 자존심만 세우는 내가 스스로를 돌아보고 반성으로 이어지는 것도 여행을 통해서 무언가를 깨우쳐서일 것이다. 외적으로도, 생각과 가치관에서도 시야가 확장되고 개성을 찾아가는 과정이 여행이 아닌가 싶다.

외적으로는 옷에 대해 관대해지고, 편견을 버리고 나도 멋을 좀 추구하게 되는 것이고, 생각 면에서는 내가 가진 편견을 깨부숴서 사고의 틀을 업그레이드한다는 것이고, 가치관에 있어서는 앞으로의 인생에 관용과 더불어 내 안의 틀을 벗어 자유로운 사고를 한다는 것이다. 이것들을 한순간에 이룰 수는 없고 여행의 경험이 쌓이면서 차츰 범위를 넓혀나가리라는 생각이 든다.

넓고 넓은 땅, 어깨를 부딪치며 걸어가는 모르는 사람들, 알아들을 수 없는 언어들, 피부 빛이 다른 사람들, 본인을 표현하는 유니크한 차림들, 낯선 문화에서 느끼는 이질감, 결코 닿을 수 없을 듯한 사람 사이의 아득한 거리감.

그들 속에 섞여 있다 보니 낯선 것을 보고 이해하고 받아들이는 가운데 자연스럽게 오픈 마인드 훈련도 되어간다. 매일 나가서 돌아다니니 에피소드가 생기고, 반전이 생기고, 스토리가 생긴다. 하루를 꽉꽉 채워 돌아다니며 많은 것을 습득해서일 것이다. 부딪히고 실수하고 잃어버리고 잘못 찾아가고……. 이러다 보니 긍정적으로 받아들이는 연습이 자동으로 된다. 안 되는 것에서는 포기를 배운다.

여행이 끝나고 돌아오면 여러 생각들이 교차한다.

'내가 참 답답하게 살았구나. 세상은 넓구나. 이 세계가 다가 아니구나.'

그러니 여행을 하고 오면 내가 조금 성숙해진 느낌은 이 때문일 것이다.

생각해보면, 일상의 나와 여행지에서의 나는 참 많이 다르다. 평소의 나는 귀차니즘이 심하고 일을 최대한 미루고 게으름을 부린다. 침대를 너무 사랑해서 침대와 한 몸으로 하루 종일도 있을 수 있다. 이런 내가 여행 가서는 달라진다. 세상에 대해 냉소적인 내가 달라진다. 여행은 사람을 달라지게 만든다.

그곳의 공기를 마시고 싶어 아침 일찍 일어나 설친다. 옷차림은 한껏 멋을 내고 과감히 소비한다. 평소의 소극적인 자세에서 벗어나 용기 내 길을 물어보고 인사를 먼저 하며 적극적인 사람이 된다. 이러려면 웃어야 하니 미소도 자동으로 만들어진다.

여행 경력이 쌓이면서 현지에서는 소심함에서 벗어나 관광객처럼 즐겨야 한다는 걸 알게 되었다. 관광객 티 안 내며 조용히 여행 다니는 편이었던 내가 변했다.

"그래 이거야. 여기선 무조건 즐겨야 돼. 관광객 티 마음껏 내며."

"여행에서 돈은 중요하다. 여행은 즐거운 소비다."

여행을 하면 돈이 한꺼번에 들어서 돈을 뺏기는 기분이 들기도 한다. 기분 좋게 먹고, 사고, 자고 하지만 뺏기는 기분이 드는 건 목돈이 들어서다. 그러나 기분 나쁘지 않다. 즐겁게 뺏긴다. 즐거운 소비이기 때문이다.

가령 카드를 긁어 로망이던 곳을 여행하고 나면 갚아나가는 것조차 즐겁다. 할부로 끊은 카드 값이 빠져나가면 또 다른 곳으로의 여행을 계획한다. 돈이 궁하지만 바로 다음 여행지를 검색하고 있는 자신을 발견한다.

나는 돈이 많아서 여행을 가진 않는다. 다른 곳에서 아끼고 여행에 투자하는 것이 나의 방식이다. 누구나 소비하는 품목이 다르고 마인드도 다르다. 누군가는 자동차를 자주 바꾸고 누군가는 가방에, 집 인테리어에, 피부과에 또는 비싼 화장품에 돈을 쓴다. 집중적으로 한 가지에 꽂혀서 소비한다. 나는 여행에 더 많이 돈을 쓸 뿐이다. 마음의 풍요가 중요하다고 생각해서이다. 이러니 제각각 돈 쓰는 품목이 다를 뿐인 것이다. 자기 방식대로 사니 흉볼 필요도 없다.

나는 매달 몇십만 원씩 여행적금을 든다. 그 돈으로 여행을 하는 '나를 위한 저금'이다. 오랜 시간 모은 돈을 한 번의 여행에 털어 넣어도 아깝단 생각이 안 든다. 다른 하늘, 다른 땅, 다른 사람들 속에 섞여 있는 것이 신선하다. 여행만 하면서 살면 그렇지 않을 텐데 여행의 경험이 희소해서 그럴 것이다.

잘 차려입고 나가기

뉴욕 사람들은 잘 차려입고 나가서 식당에서 지인과 식사하지 못하면 사는 낙이 없다는 얘기를 들었다. 여기서 '잘 차려입고 나가기'가 중요하다. 잘 차려입으면 설레서 어디든 나가야 하니까. 미용실에 가서 머리하면 어디든 돌아다니다 집에 가야지 곧바로 들어가기 아쉬운 것처럼.

코로나19가 한창일 때는 뉴욕의 모든 식당이 문을 닫았다. 조금 잠잠해지자 식당이 문을 열었다는 소식을 듣고 잘 차려입은 뉴요커들이 식당 앞에 인산인해를 이룬 사진을 신문기사에서 봤다. 차려입고 지인과 약속을 잡고 식당에 갔는데 자리가 다 찼다. 몇 군데를 돌아도 마찬가지다. 공허한 하루가 될 듯하다.

이탈리아어로 '파세지아타(passeggiata)'라는 단어가 있다. 평일 오후 5~8시 정도, 퇴근 후 가족이나 친구와 천천히 동네를 걸으며 차 마시고 느긋하게 산책한다는 의미인데 일종의 관습이라고 한다. 여기서도 '패션'이 중요하다. 이탈리아 사람들은 자신만의 개성을 중요하게 생각해서 가꾸는 걸 게을리하지 않는다. 그들은 자신의 패션을 보여주고 상대의 패션도 놓치지 않고 보며 공통의 화제를 꺼내 이야기꽃을 피운다. 얼마나 멋진 문화인지, 그런 문화를 전해 듣자마자 부러웠다.

파리 사람도 아침부터 잘 차려입고 카페 야외 테이블에 앉아서 커피를 홀짝인다. 단지 커피 한 잔을 마시려고 아침부터 쭉 빼입고 나온다고 한다. 유럽의 도시를 가면 카페 야외 테이블이 거리를 향한 채 일렬로 늘어서 있다. 거기 앉아서 커피를 마시고 담배를 피우며 담소 나누는 장면을 흔하게 본다. 또 혼자 멀거니 앉아 있는 사람 천지다. 작은 테이블을 좁디좁게 다닥다닥 붙여놓아서 옆 사람 말도 다 들리고 궁둥이 돌리기도 어렵다. 종업원들은 넥타이를 매고 한 손에 묘기처럼 쟁반을 들고 서빙하느라 바쁘다.

단지 커피 한 잔을 마시러 카페에 가면서 온갖 멋을 내다니. 이해가 잘 안 갈 수도 있지만 난 공감한다. 삶의 여유를 즐기려는 라이프 스타일인 것이다. 그런 생각 자체가 멋있다.

그들의 카페에 셀프는 없다. 식당도 카페도 대부분 그렇다. 테이블에 턱 앉으면 금방 종업원이 달려와 메뉴판을 준다. 자그레브의 노천카페 거리에서도 그랬다. 커피 한 잔을 시켰는데 넥타이를 맨 종업원이 정중히 대접한다. 일어날 때도 신호를 보내면 금방 계산서를 가지고 달려온다. 손님은 귀한 몸이다. 내가 카운터에 계산하러 갈 필요가 없다. 돈을 주면 영수증과 거스름돈을 가지고 온다. 종업원은 어엿한 직장인이기 때문에 자기 할 일을 하고 있는 거고 전문직이라고 한다.

어디서 들었는데 베네치아나 파리, 뉴욕 같은 관광지 카페는 '물관리'를 한다고 한다. 멋지게 차려입은 이가 야외 테이블에 앉아 있으면 수준이 있어 보이는 후광효과로 손님을 끌 수 있다는 계산인 듯하다. 근사하게 차려입고 우아하게 다리를 꼬고 앉아 차를 마시는 행위를 하는 '알바생'이 있다니. 부유해 보이는 손님과 함께 카페에 앉아 있으면 신분 상승이라도 하는 것 같은 기분을 교묘히 이용하는 심리가 장사꾼답다.

다른 나라에서 밥 한 끼의 힘

여행지에서는 왜 항상 배가 고플까. 호텔 조식으로 빵과 과일과 삶은 계란을 먹고 커피를 마셨는데 식당에서 나오는 순간부터 배가 고프다. 이상한 허기다. 그래서 백팩 안에는 늘 '맥스봉'이 들어 있다. 버스를 타고 이동하면서 맥스봉 하나를 꺼내 먹으면 든든하다.

여행 중에 꼭 두어 번은 근사한 맛집을 검색해 식사하러 간다. 좀 비싸도 '미슐랭 가이드'에 나오는 곳도 가본다. 한두 번 사치 부린다고 죽지 않는다는 게 내 생각이다. 그런 곳에 갔다 오면 쓴 액수만큼 마음이 충족된다.

여행 중 먹는 한 끼가 마음에 안 들면 두 배로 섭섭하다. 평소 집에서와 다르게 그런 생각이 든다. 먹을 것을 엄청 탐하는 편이 아닌데도 검색해서 찾아간 식당에 실망하면 그럴 수 없이 마음이 상한다. 왜 그럴까.

다른 나라이기 때문이다. 종일 여행 잘하고 호텔에 들어가 씻고 마무리하면 마음 둘 데 없는 휑함이 느껴진다. 이른바 심리적 허기다. 길거리에서 대충 먹고 하루 종일 싸돌아다녔으니 먹는 것에서 위로를 찾고 싶기 때문일 것이다.

숙소를 고를 땐 잠만 자는 호텔보다 싱크대가 딸려 있는지를 본다. 며칠에 한 번이라도 가져간 컵라면 말고 라면을 제대로 끓여먹을 수 있는 게 중요해서다. 햇반을 데우고 봉지 김과 멸치볶음과 컵해장국을 먹으면 훌륭한 만찬이다. 더 이상 부러울 게 없다. 여행지에서 밥 한 끼의 힘은 위대하다.

딸과 크로아티아를 여행하면서 두브로브니크로 넘어가기 전날, 니움의 바닷가 호텔 10층 발코니에서 탁자에 가져간 것을 모조리 꺼내놓고 파티를 했다. 여행 오륙 일쯤 지났을 때다. 한식이 그립기 시작하다가 그때쯤 되면 거의 절정에 이르게 된다. 김과 멸치볶음과 깻잎 장아찌, 햇반, 컵라면 등 남아 있는 것을 모조리 꺼내 펼쳐놓고 맛있게 먹고 우리 둘은 동시에 소리쳤다.

"아, 배불러. 완전 만족이야. 아래층 홀에서 음악소리 들리는데 춤추러 갈까?"

"오케이. 빨랑 가자."

딸과 나는 원피스로 갈아입고 바에 가서 흔들흔들 몸을 흔들며 맥주를 마신다.

떠나보면 안다

떠나보면 안다. 내가 떠나온 곳이, 아무도, 무엇도 생각나지 않는다는 사실을 말이다. 먼 과거처럼 내가 누구인지도 잊어버리고 여행에 열중하다 보면 시간은 후딱 가버리고, 벌써 돌아갈 날짜가 된다.

불과 이틀 전에 떠나온 곳이 아득히 먼 세계 같고 과거 같다. 내 동네도 내 방도 지인도 심지어 남겨놓고 온 가족까지도 궁금하지 않다. 다만 내가 이곳에 머문다는 사실만이 중요하다. 그들은 내가 우려하지 않아도 잘 먹고 잘 살고 있을 것을 알기에. 나중에 집에 가보면 염려와 달리 잘 지내고 있었다, 언제나.

지금 여기에선 그 무엇도 중요하지 않다. 지금 여기, 이곳 북이탈리아 가르다 호수 꼬리 부분 '시르미오네'에 있다는 사실 외엔. 이 무중력의 시간이 나는 참 좋다. 아무 데나 걸어만 다녀도, 작은 광장의 카페에 앉아만 있어도 마음이

넉넉해진다. 크게 원하는 것 없이 머무는 며칠 동안 편하게 돌아다니는 것, 이것이 내가 원하는 여행이다.

참 이상하다. 여기 이 작은 도시들은 돌아가면 광장이 나오고 빙 둘러 식당과 카페들이 줄지어 있다. 카페에 연이어 작은 구둣가게, 옷가게, 선물가게가 있다. 바로 옆 골목만 가도 비슷한 카페가 나오고 비슷한 가게가 나오는데도 어딘가 새롭다. 아기자기한 가게에 어서 들어가 보고 싶어 마음이 급하다. 그 나라의 특색 있는 가게를 둘러보는 건 흥미롭다. 내가 지나치게 쇼핑을 좋아하나? 혼자 궁시렁거리며 차례대로 들어가 본다.

품목이 뭐든 여행지에서는 쇼핑이 재밌다. 그래서 유명 관광지 앞은 쇼핑할 게 널려 있나 보다. 겉보기엔 똑같지만 디테일이 조금씩 다르다는 걸 느낀다는 건 여러 가게에 들어가 봤다는 증거다. 나는 평소에는 대형마트 가는 걸 무지 싫어하는데 여행 와서는 마트 가는 걸 즐긴다. 이곳에서 건질 게 없는지, 내일 뭐 해 먹을지 상상하며 매대 사이를 걷는다. 마트 안에서도 천천히 여행하는 기분이 든다.

광장에 테이블을 모두 내놓은 카페에서 여행자인 나는 사람들을 구경하며 흐르는 시간을 느낀다. 멍 때리고 앉아 있는 이 시간은 위로받는 시간이기도 하다. 내가 쓰다 만 소설도, 집에 두고 온 잔걱정도 없다. 오롯이 나를 보내는 시간이다. 그러면서 나는 생각한다.

"내가 이런 걸 느낄 때는 여행지에서뿐인 거지?"

이 여유로움, 이 충만함, 비로소 내가 나인 것 같은 이 이상한 해방감, 이런 것이 자유다. 더 나이 들고 몸이 힘들어 더는 여행을 못 가게 될 때가 올 것이다. 처량하리만치 약속도 외출할 일도 없어질 것이다. 마트에 가는 사소한 것조차도 외출이라고 여기고 차려입고 나갈지도 모른다.

결혼 전에는 온통 나 자신에게 시간을 줬다. 나한테만 집중하며 살았다. 그러다 애인이 생기고 결혼을 하고 부모가 되자 나 자신에게 집중하는 시간은 없어져 갔다. 가족이 생긴 덕분에 내 자유는 몰살당했다. 그들과 늘 함께 있어야 했고, 챙겨줘야 했고, 이해해줘야 했고, 들어줘야 했고, 보살펴줘야 했다. 내 삶은 그 덕분이기도 했지만 한편 그것이 나를 뺏아갔다는 사실에 억울한 면도 있다. 그러나 이 여행에서만큼은 온전히 나에게 집중하는 시간을 가진다. 그래서 여행이 더 소중한 거다. 여행지에서 나는 조금 이기적인 결심을 한다. 앞으로 여행을 더 자주 와야지 하는.

또 한편으로는 떠나오니, 내가 두고 온 것들이, 가족이, 친구가 제대로 보이기 시작한다는 사실을 깨닫는다. 그래, 떠나보니 알겠다.

주부로 산다는 것

평생 주부로 사니 날이면 날마다 반찬 걱정에, 살림살이를 비롯해 챙길 건 얼마나 많은지, 시달림은 스트레스로 변한 지 오래다. 사소한 불평불만은 마음속에 묻어두고 산다. 드러내면 부부싸움으로 발전할 테니깐. 결혼 연차가 늘어나는 만큼 얼마나 많은 시행착오를 겪었을 것인가. 시행착오 덕에 묻어둘 건 묻어두는 법을 배웠으니 체념과 지혜는 한 맥락이다.

저녁에 반찬을 만들면 하루 만에 다 먹고 다음 날 새 반찬을 만들어야 한다. 매일 새로 하는 반찬 만들기는 어느덧 장인급이고 뚝딱 기술까지 늘어서 거의 못하는 메뉴가 없을 정도다. 잘하지는 못하지만 흉내는 잘 내서 식당에 가서 한번 보면 바로 만들 수도 있다. 모든 주부들이 그럴 것이다.

매일매일 장보기는 장난이 아닐 정도로 힘들다. 집에 들어오면서 노트북 가방에 핸드백에, 장 본 봉지 몇 개를 나르다 보니 어깨가 아파 내려앉을 듯하고 이곳저곳 삭신이 쑤신다. 회전근개 파열로 어깨수술도 했다. 이러니 장 보러 대형마트 가는 게 가장 싫어하는 일이 되었다. 집 앞의 작은 마트에 가서 얼른얼른 사서 들어와 버린다.

그러나 여행을 가면 달라진다. 마트 가기는 빼먹을 수 없는 즐거움 중 하나다. 마트 구석구석 훑어보는 게 이토록 재밌다니. 내일 아침 해 먹을 재료를 비교해서 사고, 이곳 과자 맛은 어떨까 싶어 사고, 이들은 주로 뭘 먹나 살피면서 이것저것 들춰본다. 보다 보면 꼭 한 가지씩 선물로 들고 올 것이 눈에 띄고 건질 게 있다. 여행에서 휴게소나 마트를 들르는 것은 즐거움 중 하나다. 현지 마트에서 그 나라 사람들이 뭘 먹는지, 과일은 어떤 것이 나는지, 이것저것 구경하는 재미도 여행의 필수코스다.

뉴욕의 한인마트는 여행하며 가본 마트 중 가장 멋진 곳이었다. 어쩜 그리 없는 게 없던지 김밥재료를 사서 김밥을 말아 먹었고, 삼겹살을 사서 구워 먹고 남은 것은 고추장 양념에 재워 한 끼를 제대로 때웠다. 뉴욕에 머무는 동안 두세 번 가서 아침과 저녁을 한식으로 해 먹으니 음식 갈증이 안 났다.

내가 머문 맨해튼 39번가 주방시설이 된 호텔은 좁지만 음식을 해 먹을 수 있었다. 블록에 따라 호텔값에 차이가 많은 맨해튼에서 인터넷을 뒤지고 뒤져 찾은 호텔은 만족스러웠다. 그 호텔에서 아침은 매끼 해 먹었고 특별히 저녁에 갈 곳을 정하지 않은 날은 저녁으로 주로 한식을 해 먹었다.

어느 날은 걸어서 십오 분 정도 거리에 있는 재즈클럽에 8시 예약을 해놓았다. 낮엔 돌아다니다 재즈클럽에 가기 전 호텔에 일찍 들어와서 라면을 끓여 먹고 좀 쉬었다 클럽에 갔다.

여행 가면 뭐가 제일 좋냐는 질문에 "남이 해주는 밥 먹어서"라고 말하는 주부들이 많다. 남이 해주는 밥을 먹고, 차려입고 나가서 즐기고, 호텔에서는 여유 있게 쉴 수 있으니 여행이 안 좋을 수 있겠는가. '평생 여행만 다니고 싶다'고 말할 만하다.

나만의 방

이 세상에서 내가 제일 부러워하는 것은 '자기만의 방'을 가진 사람이다. 나는 일생 내 방을 가져본 적이 없다. 어릴 때는 온 가족이 방 두 칸을 썼고 한창 감수성이 예민한 십 대, 이십 대 때는 엄마와 한방을 썼다.

"비록 창고나 다락방일지라도 내 방이 있었으면."

내 최대의 꿈 중 하나였다. 엄마가 나가고 나면 정말 좋았다. 책을 읽고, 끄적거리고, 음악을 크게 틀어놓고, 또 마음껏 공상을 하고. 누군가와 같이 있는 것과 아무도 없이 혼자 조용히 있는 것의 차이는 엄청나게 크다.

작업실도 내 방도 없는 나는 카페에 가서 글을 쓴다. 아이들이 어릴 때는 식구들이 나가고 나면 식탁에서 글을 썼다. 시간이 흐르고 지금은 카페가 많이 생겨서 카페를 작업실로 이용한다. 싫증을 잘 내는 나는 한곳에 오래 다니지 못해 이 카페 저 카페 전전한다. 한 카페에 좀 출근하다 보면 주인 눈치가 보이고 음악 소리가 너무 크고 화장실도 냄새 나고, 이런저런 핑계를 대고 결국 새로운 카페 찾기에 나서는 것이다. 그러나 또 한두 달 다니면 식상하니 참 변덕스런 나를 어쩌지 못한다.

요즘은 가끔 커피 마시러 들르곤 하던 S카페에 가는데, 10시 오픈시각에 맞춰 가서 글을 쓰다 12시가 넘으면 나온다. 오전에는 손님이 거의 없어 마치 내 작업실 같은 착각에 빠지는데 주인한테 미안할 정도다. 점심을 먹어야 하는 이 굶주림도 못할 노릇이다. 이곳에서 바라보는 풍경은 몹시 아름다운데, 지난겨울 내내 나는 이 카페에서 풍경을 감상했다. 잎 하나 없이 벌거벗은 관목림의 아름다움이 내 눈을 사로잡았고 봄 내내 벚꽃이 흩날렸다. 2020년 지금은 누드에 옷을 하나씩 걸치듯 새잎이 돋아나는 중이다. 겨자색에서 연두색으로 바뀌는 계절의 변화는 내 눈을 황홀하게 한다. 나는 꽤 오랫동안 S카페의 아침 단골이 되었고 당분간은 단골을 지속할 예정이다.

미국의 뮤지션이자 작가인 패티 스미스의 『M 트레인』에 나오는 '카페 이노'와 '카페 단테'를 생각한다. 얼마 전 읽은 책인데, 패티 스미스는 집을 놔두고 도시의 방랑자마냥 그녀가 살고 있는 뉴욕의 카페 이노에서 오전에 글을 쓴다. 카페 단테도 그녀의 단골이다. 커피 중독인 그녀는 커피도 커피지만 카페 이노의 구석 자리를 자기 자리로 정해놓고 오랫동안 작업을 해왔다. 십 년도 넘게 거의 매일같이 똑같은 길을 걸어서 카페에 갔다. 그러던 어느 날 느닷없이 카페 이노가 문을 닫는다는 선전포고를 듣는다. 그녀의 상심은 이루 말할 수 없다. 십 년도 넘게 다니던 그 똑같은 길로 이젠 갈 수 없다. 그녀의 상심에 공감이 갔다. 그녀가 다니는 카페는 요즘 말로 인스타그램용이 아니고 핫한 곳이 아니다. 길가에 있는 아주 작은 공간이다. 거리의 구석진 곳에 자그맣게 오래도록 주민을 위해 규칙적이고 성실하게 문을 열고 손님을 받는 곳이다. 조용함이 그녀의 취향에 맞아서 아주 오랫동안 작업실로 애용했던 카페다. 주인은 그녀에게 말한다. "마지막으로 커피 한 잔 끓여드릴게요." 그녀는 멍해져서 할 말을 잃었다. 그녀가 애용하던 또 다른 카페 단테도 결국 문을 닫는다. 나는 그녀의 글을 읽으며 비주류라는 점에서 페티 스미스와 나는 꽤 닮았다는 생각을 한다.

　오래전에는 제멋에 겨워 펜션이나 휴양림에 가서 한동안 머물다 오곤 했다. 일탈하듯 혼자 지내다 오면 그래도 조금쯤 마음이 비워져 '나'인 듯 여겨져서다.

　나는 지금도 내 방 한 칸을 소망한다. 잠시 여행 가듯 작업실을 하나 얻는다면 행복할까. 노부부가 돌아가신 시골 도로변의 빈집은 월세를 얼마나 달라고 할까. 그런 집을 내게 빌려주기나 할까. 내가 흠모하는 캐나다 작가 앨리스 먼로의 단편 「작업실」을 나는 아직도 꿈꾸는 걸 보니 그렇게 많이 늙지는 않았나 보다, 하며 위안을 얻는다.

죽은 그녀를 위한 기억

2009년 겨울, 그녀는 저세상으로 홀연히 떠났다. 어느 문학모임에서 만나 한 십 년 친구로 지내던 이다.

그녀는 여행을 좋아했다. 좋아하지만 많이 가보지 못한 그녀는 만나면 늘 여행 얘기를 했다. 나 또한 여행 마니아를 자처한지라 책 혹은 TV에서 본 수많은 여행지 정보를 주고 받았다. 그녀와는 여행이라는 공통의 관심사를 발견하고 급격히 가까워졌다.

그녀와 알게 되고 얼마 후 베이징 여행을 함께 갔다. 문학회 다른 동료들도 함께였다. 그녀와 한방을 썼고 그 덕에 많은 얘기를 나눌 수 있었다. 진지하게 서로의 얘기에 귀 기울이며 자신을 열어 보였다. 여행을 가면 평소에 안 하던 얘기까지 하게 되니 이것도 여행의 매력 중 한 가지다. 가슴 한 구석에 간직한, 약간 비밀스런 내면을 쉽게 터놓을 수 있는 것도 여행을 왔기 때문이다. 살던 곳에서 멀리, 더구나 다른 나라에 까지 왔으니 과감해지는 심리가 생긴 것이다.

　여행은 장소보다 누구와 가느냐가 중요하다고 흔히 말한다. 돌아오니 그녀와 난 둘도 없는 친구가 되어 있었다. 어떤 순간 위로가 필요할 때 스스럼없이 전화해 만나자고 청하기가 쉽지 않은데 서로가 그렇게 하고 있었다. 그렇게 십 년 동안 친구로 지냈다. 언제 한번 우리 둘만 여행 가자고 해놓고도 개인적으로 가고, 가족과 가고 할 뿐 둘이 가는 건 이런저런 이유로 미뤘다. 나는 그 당시 유럽에 빠져 있어서 갔다 오면 으레 그녀를 만나 갔다 온 얘기를 하고 그녀는 부럽다고 말하며 재미있게 들어주었다.

　'둘이서 동유럽 배낭여행'을 계획하고 구체적으로 플랜을 짜기 시작할 즈음이었다. 어느 날부턴가 그녀가 연락을 안 받았다. 휴대폰을 받지 않고 집전화도 없어진 번호라고 했다. 연락할 방법이 없었다.

　'내가 싫어졌나, 왜 그러지? 잠수 탈 이유가 없는 것 같은데. 동유럽 여행 가기로 해놓고.'

　갖은 추측을 해도 상상이 안 되었다. 잠수를 탄다는 건 분명 좋은 소식보다는 나쁜 소식일 확률이 크다.

　그녀는 얼마 전 새 아파트로 이사 가서 동 호수도 몰랐다. 전화가 끊기면 만날 길이 없었다. 친구라도 그 관계가 얼마나 얇은가, 휴대폰 하나밖에 연락할 방법이 없으니 딱하고 한심했다.

　일 년 가까이 마음의 부채 같은 감정을 지니고 살다 도저히 참을 수 없어진 나는 기억을 더듬어 그녀 남편이 근무한다는 곳으로 무작정 찾아갔다. 남편을 슥 본 적이 있지만 성밖에 몰랐다. 직원들한테 그녀 이름과 딸 이름 이것저것 특징을 나는 간절히 설명했다. 두 부서를 돌아서 한 직원이 "옆 부서 팀장님 같은데요?" 하며 가서 물어보라 했다. 거기서 그녀 남편을 만났다. 그녀는 현재 많이 아프다는 것, 가망이 없다는 것 등을 그녀 남편이 말해주었다. 그러면서 남편은 그녀가 내 얘기를 했고 연락 못 한 것을 몹시 미안해한다고 전했다. 본인의 안 좋은 모습을 알리고 싶지 않아서 연락을 끊었다고 말했다. 이해해 달라고, 나뿐만 아니라 가족 외 모든 지인들한테도 연락을 끊었다고 했다. 지금 그녀는 의식이 없는 상태라고, 남편은 몹시 고통스럽게 말을 이어갔다.

　돌아서 오는데 눈물이 그쳐지지가 않았다. 얼마 후 그녀 남편이 보낸 부고가 문자로 날아왔다. 나는 그녀 장례식장 한구석에서 혼자 소주를 마시며 늦도록 앉아 있었다. 애도하며 밤을 새울 작정으로.

　나는 지금도 죽은 그녀가 아쉽다.

여행지에서는 사치가 허용된다

나는 여행을 가면 사치를 조금 한다. 평소의 나답지 않게 면세점에서 명품 백을 사기도 한다. 여행을 가서 평소보다 과한 지출을 허용하는 스스로를 용서하는 것은 이상한 일이다. 소비와 소유에 대한 잠재된 욕구가 이렇게 많다는 걸 느낀다.

언제부턴가 여행을 가면 맘에 드는 것을 과감히 사버리는 버릇이 들었다. 안 사면 못 배길 만큼 유럽의 소도시 골목엔 맘에 드는 게 널려 있었다. 아름다운 골목만큼 그곳은 쇼핑을 부추기고 혼을 빼놓는다. 마음 단단히 붙잡고 이젠 기념품과 개성 넘치는 독특한 것들은 절대로 안 살 거야, 이미 많잖아, 하면서 다음 여행지로 이동하지만 다짐은 곧바로 무너진다.

나의 작은 사치는 수집품이다. 도자기 타일과 도자기로 만든 미니어처 집과 머그잔이다. 도자기로 만든 타일은 그곳아티스트가 직접 그림을 그린 것으로 세상에 하나뿐인 것이고, 미니어처 집은 도자기로 만든 그 나라의 집 모형이다. 집에 대한 애착 때문에 집 모형을 사는 나의 숨은 욕망은 본색을 드러낸다. 머그잔을 사는 것도 좋아해 하나씩 사다 보니 제법 많이 모였다. 보는 순간 사랑에 빠져버린 머그잔을 한두 개 사서 가지고 왔다. 간혹은 포장이 엉성해 캐리어 안에서 깨지는 것도 있고 쓰다가 깨트린 것도 있다. 나는 스무 개 정도의 머그잔을 가지고 있는데 누군가 우리 집에 손님으로 와서 머그잔을 보고 눈독을 들이면 선물할 마음도 있다. 혼자 있을 때 나는 머그잔을 바꿔가며 커피를 내려 마시면서 추억의 여행지를 상상하며 나만의 시간을 즐긴다.

핸드메이드이기에 세상에 하나뿐인 것이라는 이유로 사곤 한다. 그러나 그것은 쇼핑 욕구를 감추려는 나의 얄팍한 변명이다. 돌아올 때는 늘 캐리어 무게 한도치인 23kg이 오버될까 봐 불안해한다. 그러나 돌아와서 짐을 풀면 더 사 오지 못했음에 후회한다. 그리고 곧바로 그것들을 사기 위한 것이라도 되는 양 다음번에 떠날 여행지를 검색해 보는 것이다.

Part 5

내가 있는 장소는 셀프 기프트

남해에서 며칠

매일 똑같은 일상에, 똑같은 생각에 빠져 사는 게 지겨울 때가 있다. 진부함에 유독 몸이 배배 꼬이는 그런 날 말이다. 10년 이상 바뀌지 않은 집 안 구조도 질리고 나이가 들수록 치우기 싫고 새로운 것 해 먹기 귀찮고 도전하기 싫어지니 자신이 한심해진다. 늙어 보인다. 한심해지고 늙어 보일 때 뭔가 전환이 필요하다. 어떻게 못하니까 잠깐씩 콧바람 쐬는 걸로 해결하곤 하는데 이것도 반복되다 보니 숨이 턱 막힌다.

내가 별난 걸까.

숨구멍을 틔울 좋은 기회로 남해에 며칠 머물기로 하고 집을 나섰다. 불쑥 검색을 하고 남해의 펜션을 예약했다.

책 몇 권과 노트북, 라면과 커피 내릴 도구만 챙겨서 차를 출발시켰다. 가는 길은 벚꽃이 막 피기 시작하는, 봄의 시작 즈음이라 오히려 감동스러우며 차가운 어떤 기운이 있다.

온갖 꽃이 피어 흐드러지면 몽롱하고 정신없는데, 찹찹한 한 기도 좀 느껴지는 초봄이어서 오히려 생동감 있는 게 길 나서는 내 기분과 닮았다.

가다가 길가에 있는 브런치 카페에서 식사를 하고 차를 마시고 예약한 펜션을 향해 차를 몰았다. 혼자 여행하는 기분을 즐기며 창밖을 바라보는 기분이 꽤 그럴싸하다. 동행이 있다면 수다 떤다고 놓쳤을 아기자기한 풍경이 오롯이 눈에 들어오고, 노란 유채밭에서는 잠시 걸어보고, 바다가 멋지게 보이는 언덕에 차를 세워놓고 드라마 찍듯 셀카도 찍는다.

나와 나이가 비슷해 보이는 부인이 맞아주는 펜션은 딱 혼자 있기 좋게 아담하다. 남편이 은퇴를 해서 '노후 직장'으로 펜션을 운영하는데, 관리하기 좋게 방 세 개만 운영하며 여기 살고 있다고 한다. 휴가 같은 삶이라고 한다. 환한 대낮에 여행 가방을 푸니 좀 어색했다.

여긴 남해 '남면'이란 동네다. '혼자 며칠 살기'라고 인터넷 뒤져 찾아낸 방은 아담해도 너무 아담하지만 좋아서 말도 안 나온다. 잔뜩 흥분한 나머지 뭐부터 할지 몰라 잠시 우두망찰 침대에 걸터앉는다.

편한 옷으로 갈아입고 식탁에 노트북을 펼친다. 방은 오션 뷰로, 침대에서도 식탁에서도 바다가 한눈에 들어온다. 누구에겐가 막 자랑이라도 하고 싶은 심정을 가라앉히고 책

들고 바다를 바라보며 누워 있다 잠이 들었다.

여행 이력이 쌓이며 진화해선지 몰라도 가고 싶고 보고 싶은 곳보다 '머물고 싶은 동네'로 자연스럽게 여행 콘셉트가 고착화되어 가는 것 같다. 여행의 정체성을 이렇듯 늦게 알게 되다니.

사실 설레는 마음을 안고 어디를 가도 관광객에 치일 때면 다른 곳으로 떠나버리고 싶다. 굳이 멀리까지 와서 바가지요금에 맛없고 비싼 음식값에 터무니없는 숙소 요금에 이런저런 문제로 화가 나서 한 번 갔다 오는 것으로 땡인 경우도 많았다.

한잠 자고 일어나 노트북을 펼치는데 코끝을 따라다니는 향기가 거슬린다. 값싼 방향제 냄새다. 방에선 무언가 혐오스러운 타인의 체취가 느껴진다. 모텔 방처럼 타인의 체취를 가리려고 방향제를 여러 개 놓았나 보다. 주인의 세심한 배려는 알겠지만 인공적인 향을 거부하는 내 코는 자꾸 싫다고 말하고 있다. 계속 향기가 신경 쓰이고 머리가 지끈거리는 것만 같다. 이 점만 아니라면 참 좋겠는데 생각한다.

바다를 바라보며 글을 쓰는 호사를 맘껏 누린다. 어딜 가나 바다가 보이니 아침 산책도 드라이브도 온통 바다다. 사흘이 지나니 슬그머니 권태가 밀려오기 시작한다.

이동면 쪽의 내륙으로 방을 옮긴다. 북카페를 겸한 민박에 이틀 머물며 한량같이 지낸다. 근처를 드라이브하고 바닷가 길을 걷는다. 하루는 참 짧다. 이렇게 며칠 지내고 가면 체증이 좀 가라앉는다. 다시 뻔한 일상에 뻔한 얼굴과 뻔한 생각에 빠져 살겠지만 얼마 동안은 잘 지낼 수 있다. 한참 후면 보헤미안적 지랄병이 다시 도질 것을 알지만 말이다.

제주에서 일상을 산다면

제주공항에 내리니 오후 5시, 봄 날씨 치고는 약간 쌀랑했다. 3월 끝이었다. 시폰 주름 롱 원피스 위에 청남방으로 레이어드하고 겉옷으로 야상 느낌의 보이시한 진베이지색 트렌치코트를 입었다.

도착지에 내리면 언제나 적막하다. 제주에 네댓 번 왔으나 공항 밖은 다른 나라에 도착한 것 같은 적막감이 느껴진다. 언제나 이 느낌이었다. 어느 나라를 가든 그 나라의 공항 밖은 적막함이 느껴진다. 나는 이 적막한 느낌이 좋다. 그 때가 오후 늦게라면 더 그렇다. 곧 어두워질 것이고 밤에는 아무것도 안 보일 테고 숙소를 찾아가는 길은 설레면서도 약간의 두려움이 내재한다. 타향이 주는 낯섦, 고유하면서 생경함, 이방인의 들뜬 기분, 여러 가지가 겹친다. 여행자의 공통된 감정이지 싶다. 이런 기분 때문에 가슴이 쿵쾅댄다.

제주는 우리나라고 몇 번을 왔으니 익숙하건만 비행기

를 타고 왔다는 것이, 캐리어를 끌고 왔다는 것이, 트렌치코트를 입고 백팩을 멨다는 것이 더해져서 말이다.

이튿날 렌트한 경차를 타고 아주아주 산골인 숙소를 나서는데 예전과 달리 새삼스러운 감정이 와닿았다. 나는 제주도에 몇 번을 와서야 이 새삼스런 느낌을 알아챘다.

"그래, 바로 이런 느낌이었어, 바로 이거. 야생의 들판, 집과 밭 사이의 공터에 풀이 원시적으로 생존한 모습, 손질 안 된 이 자연의 모습이 눈에 들어왔어. 나는 이제야 제대로 알기 시작한 거야."

누군가는 한 번에 알아볼 것을 나는 몇 번 만에 알아보았다는 것에, 예민하지 못한 감정에 약간의 분노가 일었다. 전에도 이 감정을 못 느낀 건 아니지만 대충 느끼고 갔더랬다. 그리고 금세 잊어버렸더랬다. 지금, 구체적으로 와닿는 '이 야생의 시골 느낌에 반했다'는 느낌은 처음이었다.

이른바 '소확행'에 빠져들었다. 밤에는 일찍 침대에 들어 많이 자고, 아침나절에는 간결한 룩으로 미리 검색한 카페에 가서 차를 마시고 맛집을 찾아 이것저것을 맛본다. 오후에는 바다를 바라보며 가만히 앉아 있기도 하고 올레길을 걷고, 아름답지만 유명하지 않은 아주 작은 스팟을 찾아간다. 제주에는 특별한 느낌의 색다른 스팟이 정말 많다. 널렸다고 할 수 있을 만큼. 깊숙이 알아야만 알 수 있는 것들이다. 숙소로 돌아가는 늦은 오후가 되면 슈퍼나 시장에 들러 저녁과 아침에 해먹을 반찬 한두 가지를 산다.

남원 지역의 큰엉해변이 가까운 숲속의 펜션은 한적하다 못해 유배지를 연상시킨다. 집이 몇 채 띄엄띄엄 있는 들판 한가운데 펜션이 덩그마니 있다.『폭풍의 언덕』소설 속 '워더링 하이츠' 같은 펜션은 바다색 2층 건물이다.
"싸고 깨끗해. 가성비 짱이야."
친구의 강력 추천으로 검색하지 않고 바로 예약했다. 남원 일대에서 빙빙 돌며 마치 주민처럼 지낸다. 아침 해먹고 이 동네 저 동네 마실 다니듯 다닌다. 아침저녁으로 펜션을 들고 나다 보니 동네 풍경이 오롯이 눈에 들어온다. 본래 그대로의 자연이 보이기 시작한 것이다. 도시에 살면서 시골에 가면 근본적인 차이가 나는 것을 바로 알 수 있는 건 자연 때문이다. 자연은 마음의 평화를 맘껏 누리게 해준다. 풍경이 나지막하고 검은 돌로 경계를 이룬 고유한 밭이랑의 원초적인 아름다움은 내륙의 시골과 다르다. 제주의 시그니처인 검은 돌무더기 때문이고 풀어헤친 머리카락 같은 자연 때문이다.

다음번엔 성산 쪽 종달리에 숙소를 잡아 짐을 던져놓고 월정리 해변으로 가니 어두워졌다. 가로등이 푸른 바다를 환상적인 무드로 연출하는 기가 막힌 밤의 해변이다. 흰 모래와 짙푸른 바다 색깔과 가로등이 잊기 힘든 사진 한 장으로 휴대폰에, 마음에 저장된다. 시간이 흐르는 게 아쉬운 이들은 물에 발을 담그고 서성이며 장난을 친다. 밤에 보니 바다빛은 바디감이 짙은 푸른빛이다.

다음 날 섭지코지, 종달리, 세화리, 평대리 해안에서 보는 바다 빛깔이 다 다르다는 걸 느낀다. 바다 빛은 수시로 변하고 파도 너머 층층이 다른 빛깔로 결을 이루고 있다. 밀키색에서 쪽빛 블루, 코발트 블루, 딥 블루로. 아침에 다르고 오후에 다르다. 동쪽은 서귀포 쪽 바다와도 다르다는 걸 이번에 느낀다. 동쪽 바다가 좀 더 깊고 내밀한 느낌이다. 내가 그 순간 가진 마음가짐, 날씨, 계절 등 여러 가지 요인이 다르니 올 때마다 다를 것이란 생각이 든다.

'제주도에서 한 달 살기, 이어서 일 년 살기 해본다면?'
마음속에 담아본다.

후쿠오카에서 발견한 아들의 모습

동행이 누구든 그와 계속 다니면 생뚱한 피로감이 쌓인다. 내 성격이 별나서인지는 모르나 나는 그랬다. 남편도 친구도 사랑하는 아들딸도 그렇다.

나는 제안한다.

"따로 놀다 저녁에 호텔에서 만날까."

아님 떠나기 전에 미리 말한다.

"혼자서 해보고 싶은 거 골라놔. 가서 따로따로 해보게."

그래서 혼자 검색하고 찾아가는 여정에 익숙하다. 후쿠오카에 아들과 둘이 갔을 때는 일정이 짧아서 점심을 함께 먹고 오후는 각자 보내자고 제안하니 아들이 더 좋아했다.

아들은 파친코 클럽에 가서 놀고 나는 백화점에 가서 명품샵을 유유히 돌아다니며 혼자 즐겼다. 물론 비싸서 사진 않았지만 구경하는 것만으로도 충분히 재미있었다. 백화점이 주위에 세 군데나 있어서 다 들어가 봤다. 백화점을 둘러본

후에는 B급 브랜드 백화점에 들어가서 내 것으로 속옷을, 딸에게 줄 머플러와 그리 비싸지 않은 이것저것을 쇼핑했다. 저녁이 될 때까지 혼자 거리 구경하는 시간은 여유로웠다. 아들과 만나기로 한 빵집 앞에 가니 아들이 기다리고 있었다. 가본 곳을 서로 말하며 아들과 저녁을 먹는 시간이 유쾌했다.

귀국하기 전에 유후인의 료칸에서 하루 묵기로 했다. 여관 주인이 안내한 방에 들어가자마자 난 시선을 어디다 둘지 몰랐다. 정말 난감했다. 눈 둘 데가 없어 민망한 건 방 분위기 때문이다. 신혼부부나 연인에게 딱 어울릴 듯 다다미방에 분홍 이불을 미리 깔아놓았다. 이건 분명 신혼방이고 뭔가를 기대하게 해놓았다.

'이불은 왜 깔아놨담, 잘 때 깔 건데.'

눈치를 보니 아들도 좀 민망한 듯 얼굴을 돌리는 게 느껴진다. 나는 일부러 큰 소리로 말한다.

"빨리 옷 갈아입고 시내 나가보자."

아들은 집에서와 달리 엄마를 챙겨주기 바쁘다. '애한테 이렇게 다정한 면이 있었나?' 속으로 감동하면서 티는 내지 않는다. 집에서는 무뚝뚝하기 그지없고 속에 뭐가 들었는지 모를 만큼 표현을 안 하는데 여행 와서 보니 완전 딴판이다.

"여친 생기면 잘 하겠다."

나는 툭 한마디 해준다.

산 마르코 광장의 카페

베네치아 산 마르코 광장에는 아주 유명한 카페 몇 개가 있다. 그중 한 곳이 '플로리안 카페'다. 나는 베네치아에 두 번 갔고 플로리안 카페에서 커피와 케이크를 먹어보았다. 커피는 무지 진하고 케이크는 무지 달았다. 무지 단 것만큼이나 값도 비쌌다.

영국 작가 가즈오 이시구로의 『녹턴』 중 단편소설 「크루너(crooner)」는 이 플로리안 카페를 배경으로 한다. '크루너'는 '조용히 부드럽게 노래하는 가수'라는 뜻이다. 크루너인 남자는 플로리안 카페를 비롯한 몇 곳에서 이 밴드 저 밴드 옮겨 다니며 연주하며 노래 부르는 생계형 가수다.

어느 날 우연히 미국의 한 셀럽이 젊고 아름다운 부인과 함께 플로리안 카페에 오고 그곳에서 셀럽과 생계형 가수는 얘기를 트게 된다. 유명가수이자 전설적인 셀럽은 이젠 늙었는데, 그는 생계형 가수에게 그의 아내가 감동하도록 이벤트를 펼치는 걸 도와달라고 부탁한다. 셀럽은 생계형 가수가 연주하는 동안, 자신이 곤돌라 위에서 노래를 불러 호텔에 있는 아내가 내다보고 감동하기를 바란 것이다. 아내가 속물이란 걸 알지만 그럼에도 그녀를 무척 사랑하는 셀럽은 아직은 젊은 아내를 놔주기로 마음먹고 아내에게 뭔가 감동을 주고 싶다. 셀럽 자신은 너무 늙어서 아내를 충족시키지 못할 것이 이제는 두렵다.

「크루너」는 슬픈 소설이다. 황혼에 대한 이야기다. 젊을 때는 직진만 하고 젊음이 영원할 것 같지만 어느 순간 늙어버린 자신의 모습과 맞닥뜨리게 된다. 그 순간 쓸쓸하고 허망한 감정은 누구나 같을 것이다. 살아보면 인생은 길지 않다. 어느덧 황혼 앞에 선 자신을 느끼는 건 셀럽이나 보통 사람이나 같지 않을까.

여행에 대한 글을 쓰면서 가즈오 이시구로의 『녹턴』이 생각났다. 글을 쓰면서 내가 간 곳을 정리하다 보니 그곳을 배경으로 산문을 쓰고 짧은 소설도 쓰게 되었다. 이것도 여행의 산물이고 기쁨이다.

혼자 쓰는 방이 좋은 이유

여럿이 여행을 가도 혼자 방을 쓰는 건 나의 철칙이다. 이스탄불에서 시칠리아로 넘어가기 전 '부카리 와이너리 호텔'에서 하룻밤 묵게 되었다. 와이너리 호텔은 광대한 포도밭 사이에 홀로 서 있었다.

여러 와이너리를 순례해서 고단했는데 호텔에 도착하자 정성을 가득 들인 저녁이 차려져 있었다. 그처럼 완벽한 코스의 맛있는 저녁은 내 생애 처음이었다. 우리 일행의 식사를 챙겨주시며 여러 가지를 설명해주시는 호텔 사장님과 금세 친해졌다.

저녁을 먹은 뒤 샤워를 하고 방에서 혼자 그동안의 여행 경로를 되새기며 짧은 추억에 잠기는 것도 여행의 멋이다. 언제나 이런 영양제 같은 호젓한 혼자만의 시간은 필요하다. 어제 일정도 벌써 과거가 되었다.

호텔방에서 내 생각의 흐름은 끝이 없다. 내일 가게 될 인생 첫 시칠리아와 조우할 생각에 가슴이 터질 듯하다. 집에 돌아가면 이번 여행에서 짧게 메모한 걸 가지고 소설을 쓰고 여행 에세이를 쓸 예정이다. 벌써 마음이 급하다.

캔맥주를 따놓고 밤풍경을 내다보다가 창문을 닫고, 일기를 쓸까 말까 고민하는데 스르륵 나도 모르게 잠들어버렸다.

아침에 일어나 나가자 아침 이내가 걷히기 전이다. 공기는 차고 깨끗해서 어떤 순수함마저 느껴진다. 이게 바로 오염되지 않은 곳의 세계란 걸 알겠다. 훗날 거처를 이런 곳으로 정하면 어떨까 문득 생각이 들었다.

이 땅은 얼마나 오래되었을까. 새벽에 일어나 아무도 없는 포도밭 고랑을 따라 걸으면서, 유럽을 오래된 세계라고 이르는 이유를 알 것 같았다. 차가운 공기와 단단한 흙, 지평선이 어디일까 싶게 가늠이 안 되는 저 먼 곳의 대지. 어떤 감개무량함이 내 가슴을 훑고 지나간다.

곧 아침 식사를 하고 겨우 하루 묵은 호텔을 분주하게 떠날 테지만, 새벽이 열리는 시간대에 내가 깨어 있다는 데 의미가 있는 것이다.

그리워하는 대상이 있다는 건 참 좋은 일이고 감사한 일이다. 사람이든 장소든 물건이든 뭐든 간에. 그리워하는 것도 좋은 인연이어서고 추억이 있어서다. 그리워하는 행위는 마음 뭉클하고 따뜻해지니까. 가만 생각하면 그 행위 자체로 힐링이 되는 것 같다.

방에서 혼자 벽을 바라보며 멍청히 있다 보면 화면의 스크롤바가 차르륵 내려가는 것처럼 장면들이 사사삭 지나간다. 나는 한 컷을 재빨리 낚아채 정지시켜 추억 더듬기를 한다. 그러다 보면 머문 컷에서 다시 무수한 장면들이 가지를 쳐서 그 시절로 나를 데려간다. 나는 그림자놀이를 하듯 무수한 장면을 소환시키는 시간을 잠시 갖는다. 대체로 그것들은 환한 장면들이고 그러므로 나는 못 견디게 그 시절 혹은 그들, 그곳을 그리워한다.

생텍쥐페리와 툴루즈

나는 툴루즈에서 5일을 머물렀는데 도시를 다 알아버린 듯한 느낌이 좋았다. 한 곳에 머무르는 매력이다. 시내는 걸어서 어디든 갈 수 있었다. 열 시에 느긋하게 나가서 바로 문을 여는 빵집에 간다. 커피에 곁들여 케이크 한 조각을 먹고 '장밋빛 도시'가 바로 느껴지는, 이미 익숙해진 붉은 벽돌 골목으로 들어선다.

툴루즈에 머무는 며칠 동안 정해진 코스가 되었다. 가론 강이나 다른 곳을 가려면 지름길이 있다는 것도 알았지만 나는 일부러 빙 둘러 우아한 벽돌 골목을 지나쳐 가며 집을 구경한다. 여기에 며칠만 머물 수 있으니 기억에 강하게 남기기 위한 행위다.

리옹이 고향인 생텍쥐페리가 툴루즈에 올 때마다 머물렀던 '르 그랑 발콘 호텔'은 거리 한가운데에 있었다. 조종사인 그는 툴루즈에 오면 항상 발콘 호텔에서 묵었다. 발콘 호텔은 지금은 평범한데 그 옛날 그가 묵었을 당시에는 비싼 호텔이었을 것 같다. 건물이 묵직하고 상당히 고급스럽다. 들어가니 직원분께서 친절히 안내해주신다. 1층 커피숍 벽에 커다랗게 걸린 생텍쥐페리의 사진 두 장 앞에서 인증샷을 찍고 그에게 키스를 날린다. 조종사 복장인 그는 멋짐이 폭발한다.

생텍쥐페리의 소설 중에『남방 우편기』와『야간비행』을 참 좋아하는데,『남방 우편기』는 고독한 조종사의 내면을 담고 있고,『야간비행』은 밤하늘에서 고독과 죽음에 맞서 항공 우편 업무를 하는 외로운 비행사의 글이다.

정적인 문장은 사념적이어서 깊이가 있고 작가의 고독한 내면을 유추하는 재미가 있다. 내가 좋아하는 작가의 발자취를 잠시나마 느껴보는 이 시간은 그저 황홀할 뿐이다. 그가 묵었던 호텔 로비에만 들어갔다 나왔을 뿐인데 뭔가 남다른 행위를 한 것 같은 기분이 꽤 그럴싸하다. 언젠가는 발콘 호텔에서 하루 묵을 꿈도 가져본다.

발콘 호텔을 나와 '아세자 저택'도 들어가 보고 문방구에서 어린왕자에 관련한 굿즈를 사는 재미도 느낀다. 문방구에는 어린왕자에 관한 기념품이 정말 많다. 들어가 보고 싶은 상점을 몇 군데 거쳐 나오면 시청 광장이다.

시청 입구 턱에 잠시 앉아서 광장을 바라보고 있다가 시청 안을 구경한다. 시청 안은 꼭 가봐야 한다. 얼마나 아름다운지 공개되어 있는 2층은 다 둘러봐야 한다. 그런 다음 광장에 펼쳐진 뜨내기장수의 오픈 마켓을 보고 점심을 먹을 만한 식당을 찾는다. 광장에는 아랍인으로 보이는 상인들이 머플러며 기념품을 판다. 두 개에 20유로 하는 머플러는 색상과 프린트가 예술이어서 사 오면 요긴한 선물이 된다.

몇 년이 흘러 생텍쥐페리가 태어난 리옹에 가게 되었다. 벨쿠르광장 근처 생텍쥐페리 생가를 찾아갔다. 비바람이 치는 오전인데 어렵게 찾은 그의 흔적은 단 두 곳이었다. 자세히 살펴야 알 수 있게 그가 살았던 건물 벽에 높다랗게 붙은 안내판과 드넓은 벨쿠르광장 한 구석에 그와 어린왕자가 높게 앉아 있는 긴 동상이 있었다. 거기 두 개의 문구가 적혀 있었다.

"스톨은 이미 빛나고 있었고 나는 그곳에 대해 고민하고 있었다."
"우리는 잘 보지 못한다. 본질적인 마음은 눈에 보이지 않는다."

그의 책 속에서 발췌한 문장일 것이라 짐작하며 한참 동안 동상을 올려다보았다.

카타니아의 첫 날

다이어트는 평생 숙명이다. 항상 다이어트를 하지만 여행지에서는 절대 아니다. 다이어트를 할지 말지는 집에 가서 고민할 일이다. 여행지에 와서 한 끼를 제대로 못 먹으면 섭섭함을 넘어 억울한 마음이 든다.

집에서는 다이어트를 하다가 말다가 하지만 굳이 여행까지 와서 다이어트라니, 이건 진짜 아닌 것 같다. 먹을 걸 무지 밝히는 타입이 아닌데도, 기대한 한 끼를 놓쳐버렸다는 것이 억울하다. 한 끼도 잔뜩 기대하게 만드는 게 여행인데, 그곳의 로컬 음식을 찾아서 발품을 팔고 상상하면서 먹고 내 입맛에 안 맞으면 무지 섭섭하니 말이다.

참 희한하다. 여행지에서는 이것저것 맛있는 걸 찾아서 먹고 다니는데 집에 오면 살이 빠져 있다. 나는 내심 회심의 미소를 띠고 이 기회를 이용해 홀쭉한 몸을 유지하려 하지만 얼마 안 가 원래대로 몸무게가 돌아간다. 여행 때마다 반복

되니 인내심 약한 결단력을 참 어쩌지 못한다.

카타니아의 첫인상은 거무스름하다. 오랜 세월 쌓인 화산재가 건물에 배여서 그렇다고 한다. 오래된 도시란 걸 금방 알겠다.

하루 묵을 에어비앤비에 도착하자 영화배우 저리 가라 하게 잘생긴 주인아저씨가 우리를 맞아준다. 그리고 1층에서 도르래로 캐리어를 매달아 4층과 맞먹는 2층까지 끌어올려 주셨다. 뮤지엄인데 숙소로 리모델링하면서 도르래를 만들었다고 하신다.

역사 깊은 건물이니 엘리베이터가 없는 건 당연하고 천장 높이는 까마득하게 높다. 뮤지엄을 사들여 에어비앤비로 개조한 숙소는 방마다 빈티지 가구로 채워져 몹시 아름다웠다. 콘셉트를 다르게 인테리어한 이 방 저 방을 구경하는 재미도 쏠쏠했다.

짐도 풀지 않고 저녁을 먹으러 나갔다. 낯선 듯하면서도 기시감이 느껴지는 거리를 걸으며 흥분을 누르고 골목을 누볐다. 근데 좀 이상하다. 식당마다 문을 닫고 있다. 여섯 시 전이고 막 어두워지는데 이게 무슨 섬뜩한 예감인가. 많지도 않은 몇 개의 식당이 다 그렇다. 종업원은 야외 파라솔을 걷으며 우리 일행을 쳐다보고 '피니쉬드'를 외친다. 초조해진다. 아까 에어비앤비를 찾을 때 봐뒀던 빵집도 마찬가지다. 여섯 시가 되기 전에 모든 식당이 문을 다 닫는단다. 카타니아도 결국 시골인 것이다.

누군가 메인 거리인 두오모 광장에 가면 관광지 식당은 문을 열었을 거라고 말해준다. 터덜터덜 두오모 광장으로 향하는데 막 문 닫을 준비를 한다고 야외 테이블을 정리하고 있던 식당 아저씨가 말을 건다. 뭐 먹을 건데? 하는 안쓰러운 눈으로 우리를 훑어본다. 우리 일행이 동시에 소리친다.

"뭐 좀 해주면 안 돼요?"

여럿이라서 가능한 떼쓰기다. 혼자서는 절대 못 할.

"피자만 돼. 피자 괜찮아? 간단한 거면 내가 해줄게."

오 이런, 역시 시골 인심은 좋다.

"너~무 좋죠."

이렇게 해서 넓은 식당 한쪽에 일행은 죽 둘러앉는다. 피자를 세 종류 주문한다. 맥주를 주문하려고 하니 로컬맥주를 권한다. 시칠리아 맥주는 완전 맛있다. 피자도 맥주도 환상이었다. 나중 알고 보니 시칠리아 어디서건 음식은 정말 훌륭했다. 작은 식당도 들어만 가면 맛있었다. 그 후 이어진 여행에서 모든 음식이 베스트였다. 역시 햇빛 좋고 재료가 풍부한 미식의 나라 이탈리아니 믿고 먹으면 된다.

저녁을 배불리 먹고 두오모 광장의 코끼리 분수 계단에

걸터앉아 고단한 하루의 휴식을 취한다. 아랍인으로 보이는 버스킹 가수가 전을 펼치더니 기타를 치며 노래를 부른다. 밤은 아름답게 깊어간다. 나는 동전을 두 개 준비해 비틀스의 〈헤이 쥬드〉를 청해 들었다.

다음 날 아침 산책을 나가서 벌써 문을 연 어시장을 구경하고 할아버지가 하는 길가 빵집에서 잊지 못할 맛의 양파빵을 샀다. 바에서 에스프레소를 마시면서 보니 어젯밤 두오모 광장이 바로 보인다. 알고 보니 거기가 거기인 것이다. 그 맛있는 양파빵은 한 개에 천 원, 에스프레소는 900원이었다. 이탈리아 본토보다 물가가 쌌다.

에트나 화산 밑의 와이너리

 2019년 11월, 이스탄불에서 닷새 머물고 시칠리아에서 일주일을 지냈다.
 시칠리아 카타니아공항과 근접한 곳을 여행하고 다시 이스탄불을 경유해 귀국하는 시칠리아에서의 마지막 날이 밝았다. 그동안 머물렀던 모디카 지역과 시라쿠사, 어디로 시선을 돌려도 아름다운 바다 풍경을 뒤로하고 카타니아공항을 향해서 떠나는 날이다. 이스탄불에서 인천행 밤비행기를 타야 한다. 아침 일찍 서두른 데는 이유가 있다. 에트나 화산섬의 한 귀퉁이 '테라 콘스탄티노 와이너리'를 가기 위해서다.
 미니버스에서 보니 저 멀리 에트나 화산에서 공주의 긴 머리칼처럼 구불구불 회색 연기가 피어오르는 게 보인다. 활화산이니 항상 긴 연기를 내뿜고 있으리라. 시칠리아 어디서든 에트나가 보이면 가슴이 뭉클하며 작은 감동이 밀려온다.

현지인들도 에트나가 보이는 뷰를 사랑한다고 한다.

작은 마을과 포도밭을 지나면 나오는 언덕 위의 집 한 채 '테라 콘스탄티노 와이너리'는 내가 본 와이너리 중에서도 손꼽히는 뷰를 자랑한다. 카타니아공항에서 30분 거리다.

주인의 안내에 따라 포도밭을 걸으며 설명을 듣고 와이너리 안을 구경했다. 늦가을에 접어들었으니 더러 남은 포도송이와 붉게 물들어가는 포도넝쿨과 잎 색상이 고왔다. 낙엽이 바삭거리며 밟히는 포도밭 사이를 걸으니 순간 행복의 도취에 빠지며 마지막 시칠리아의 정취에 흠뻑 취했다.

우리 일행만을 위한 브런치가 식당에 마련되어 있다. 오직 하루 한 팀만의 식사를 규칙으로 한다고 한다. 손님을 위한 배려가 와닿는 부분인데 주인의 마인드가 뭔지 알겠다.

저 멀리 바다가 보이고 식탁 위엔 먹는 내내 탄성을 질렀던 수제비를 떠서 만든 파스타와 여러 가지 음식이 차려져 있다. 어찌나 다 맛이 있는지 놀라웠다. 시칠리아는 아무 식당이나 들어가도 다 맛있다는 걸 여기 와서 다시 느끼게 된다. 정식 코스는 음식량도 많고 식사 시간이 길어 부담스러워 간이 런치로 주문했는데도 음식이 많고 훌륭했다.

식사에 곁들여 와인을 네 종류 시음했는데 사지 않고는 못 배길 맛이었다. 모두 다 과일 향이 확 나는 베스트 중의 베스트 와인이었다. 결국 짐 가방에 와인을 네댓 병 넣어 더 이상 안 들어가는데도 딱 한 병 강렬했던 화이트 와인을 샀다. 어떻게든 쑤셔 넣으면 되겠지 하며. 역시 가격은 좀 비쌌지만 집에 와서 마시니 황홀할 지경이었다.

점심을 먹으며 와인 시음을 하고 있으니 이 집의 대표이신 할아버지께서 초등학생인 손자와 함께 오셨다. 아까 우리가 도착했을 때도 열렬히 환영해 주시더니 식사가 맛있느냐며 물으러 오신 것이다. 3대가 여기에 살며 운영한단다. 할아버지의 할아버지 또 그 윗대 할아버지가 대대로 일구신 와인밭은 화산섬 밑이라 더 비옥하다고 설명해 주신다. 우린 너무 맛있다며 화답했다. 다음에 또 놀러오라고 하신다. 정말 시칠리아에 가면 다시 가고 싶은 곳 1순위다.

집에 돌아온 뒤 딸 남친이 집으로 첫 방문을 했다. 그날 점심을 먹으며 이 와인을 땄다. 와인 맛을 모르는 식구들도 탄성을 지를 만큼 맛있었다. 남은 와인을 냉장고에 보관한 뒤 저녁에 한 잔씩 마시니 톡 쏘는 과일 향에 기포가 찰랑대는 듯한 느낌이 최고였다. 짧은 내 와인 생애 최고의 와인이었다.

한 장의 사진으로 남는 여행지

 여행을 가면 모든 곳을 스쳐 지나가기 때문에 기억이 혼합된다. 거기가 거기 같고 어딘지 헷갈린다. 사진을 봐도 헷갈린다. 그러나 그중에서도 어떤 여행지는 사진 한 장으로 명징하게 기억되는데 여기 이름 모르는 마을의 호수가 그런 곳이다. 아름답다는 말로 부족한 맑고 깨끗한 아침나절 호수는 표현하기 어려운 정적과 순수함이 있다. 막 깨어난 처녀의 얼굴같이. 이렇듯 아름다운 호수에 지나다가 무심코 들르게 될 줄 몰랐다. 여행은 이런 것이다. 그냥 슥 지나다가 방문했는데 로또 맞은 것 같은.
 "쉬지 않고 일한 당신 여행을 떠나라. 돌아보는 시간을 갖고 잠깐 멈춰 있어라."
 이런 식의 여행 카피가 떠오르는 풍경 앞에 붙박인 듯 서 있었다.
 그래, 하던 일 잠시 내려놓는다고 누가 뭐라 하지 않는다. 호숫가에 마치 쉬라고 등을 토닥이듯 벤치가 놓여 있었다. 스웨덴의 이름도 모르는 어느 시골 마을 호숫가 벤치는 누군가 와서 앉으라고, 잠시 쉬었다 가라고 그 자리에 있었다. 나는 걸어가다가 빈 벤치를 그냥 지나치지 못한다. 앉아 주어야 할 것 같은 엉뚱한 의무감이 들어서다.

북유럽 여행 중 시간이 좀 안 맞아 이동하다가 한적한 마을 주차장에 버스를 댔다. 점심을 먹으려면 한 시간 반쯤 시간 여유가 있으니 산책이나 하자고 일행분이 제안했다. 5월 중순의 스웨덴은 겹벚꽃이 한창이었다. 봄이 지나 여름이 다가오는 계절인데도 북유럽은 추웠는데, 그날은 추위가 누그러졌는지 온화하니 봄이 느껴졌다.

분홍색 겹벚꽃 나무 아래를 걸어 동네를 지나 큰 호숫가 한 자락을 둘러보기로 했다. 호수에 기대 형성된 마을은 참 조용하다. 피아노 소리가 들리고 개짖는 소리도 들리고 주민도 이따금 눈에 띈다.

잠깐 목적 없이 머무른 이 호숫가 산책이 훗날 내게는 뇌리에 쏙 박혔다. 사진 한 장 때문이다. 나는 이 벤치에 앉아서 뒷모습을 찍혔다. 수도 없이 사진을 찍지만 어디가 어디인지 모를 때가 많고 헷갈리는데 이 사진 한 장으로 해서 스쳐 지나가는 시골 마을이 각인되었다.

텔레비전에서 스웨덴 어쩌고 하는 게 나오면 그 호수가,

시골 마을과 겹벚꽃이 한창이던 따스한 배경이 떠오르는 건 그때 박힌 이미지 때문이다. 여행의 묘미는 이런 것 같다. 예고 없이 들르거나 우연히 일어난 사건으로 인해 뇌리에 각인되는 사소한 그런 것 말이다.

Part 6

현재가 중요하다

마르세유를 걷는 법

마르세유 그라피티 골목을 걷는 건 모험에 가깝다. 일단 몇 골목에 걸쳐진 벽화에 압도당한 뒤 머릿속으로 전류 같은 상상이 휘리릭 지나간다. 상상은 가죽 재킷을 입은 악당이 재킷 안주머니에서 권총을 꺼내 나를 겨눌지도 모른다는 것인데 그야말로 상상이다. 실제로 골목은 건물 색이 칙칙하고 낙서가 과감해서 그런 생각이 드는 것 같다. 초등학교 시절 재래식 화장실 벽의 안 좋은 낙서가 떠오른 건 무슨 이유일까.

그라피티 골목은 르 파니에 지구 뒷골목인데 벽화가 이어지는 범위가 넓다. 처음에는 범죄 느낌도 나고 으슥하기도 했지만 실제로는 강렬했다. 별 의미 없거나 혹은 유의미한 낙서도 있을 것인데, 그라피티의 원조가 어떻게 된지 모르지만 그들의 문화와 생각을 표현한다고 느꼈다.

여행 계획을 짜면서 엑상프로방스, 아를, 까시스 등 프로방스 지역을 가려고 했던 터라 마르세유 구항구에 아파트 숙소를 얻었다. 마르세유는 웬만하면 가지 말고 근교 도시에 집을 구하라는 말을 들었는데 부랑인과 노숙인이 많아서인 듯했다. 하지만 그게 무슨 상관인가.

마르세유 프로방스 공항에서 셔틀버스로 생 샤를 기차역에서 내려서 숙소를 찾아가는 길부터 험난했다. 우버를 탔는데 택시 기사는 인터넷에서 익혀 알 것 같은 데로 가지 않고 시내를 빙빙 돈다. 감이 잡혀서 구항구는 가까운데 왜 이리 머냐고 물으니 그제야 아무 말 없이 구항구 아파트 앞에 내려준다. 요금이 턱없이 나왔다.

주인은 아파트에서 우리를 기다리고 있다. 전화로 우리가 보인다며 무작정 올라오라고만 한다. 일렬로 죽 늘어선 아파트 찾기는 어렵다. 한참을 헤매니까 그제서야 내려온다. 그런데 입구가 문이 부서지고 쓰레기가 널렸다. 계단을 올라 엘리베이터로 안내하더니 고장 났다며 한 층을 걸어서 가란다. 한 층은 우리네의 두 층 정도다. 도와주기는커녕 도와주려는 시늉도 안 한다. 여배우 포스가 나게 꾸민 주인은 아파트 내부를 설명해주고 가면서 안전하다는 말을 덧붙인다. 알고 보니 다른 현관이 있어서 나가면 바로 큰 길이었다. 앞에서는 1층 뒤에서는 3층인데 뒷문으로 들어갔던 것이다.

근처에 부랑인으로 보이는 젊은 남자들이 멍하니 계단

에 앉아 있고 할 일 없이 끼리끼리 모여 있다가 훔쳐보는 걸 느꼈다. 며칠 지나자 주의하면서 얼른 지나치면 되는 거였고 우연히 번역기로 말을 트게 된 버스기사는 친절한 수다쟁이 아저씨였다. 버스가 멈춘 어느 시점 버스기사에게 길을 물어 보게 됐는데 영어를 못한다고 해서 번역기로 대화를 했다. 그의 곁에는 친구도 있어서 길보다 다른 얘기로 한참을 떠들고 헤어졌다. 어느 날은 다른 동네에서 버스를 기다리는데 우리를 지나 버스를 타면서 키가 큰 한 남자가 아는 체했다. 활짝 웃으며 어디 가냐고 묻는데 며칠 전에 만나 말을 튼 버스기사였다. 지인이 생겼는데 놓쳐서 아쉬웠다.

　버스를 타면 가다가 서는 일이 잦고 거리에는 피켓을 들고 떼로 몰려가는 군중이 많았다. 주말에는 군중이 거리에 무리별로 모여 있어서 피해 가야 했고, 버스도 트램도 다니지 않고 지하철만 다녔다. 눈치를 보니 시도 때도 없이 하는 파업인가 보았다. 간간이 언론에 보도되던 프랑스 파업 뉴스 현장을 실제로 본 것이다. 버스가 서면 시민들은 아무렇지도 않게 내려서 걸어가는데 영문을 모르는 우리는 계속 앉아 있어도 말을 안 해준다. 한참 앉아 있다 눈치로 내리곤 했다. 버스기사도 꼭 남자 두 명이 한 조였다. 가만 보니 운전하는 기사 옆에 서서 수다를 떨며 같이 가주는 친구인 모양이었다. 깊이 생각해보니 부랑인이 많은 이유도, 두 명의 버스기사도 직업이 없어서 그렇다는 생각이 들었다.

마르세유 첫 인상은 사실 별로였다. 음울한 분위기가 곳곳에서 감지되어서인지 색채가 강하게 느껴졌다. 역에서 구항구로 가는 버스를 기다리면 노숙인과 부랑자들이 쉽게 눈에 띄었고, 그들은 돈을 요구했다. 그런 이들이 많이 보여서 프랑스 정부는 이 도시를 외면하나 하는 느낌이 들어 씁쓸했다.

시외로 나가려면 생 샤를 역으로 가야 했다. 기차고 버스고 다 거기서 출발한다는 걸 알았다. 역 안에서는 백팩을 앞으로 메고 긴장해야 한다. 생 샤를 역 근처는 노숙인이 정말 많고 지린내가 심하고 역에 있는 하나뿐인 스타벅스가 그나마 안전하다. 스타벅스에서 나오면 바로 부랑인들이 힐끔거렸다.

내가 본 성당 중에서 가장 아름다운 성당이라고 이름 붙인 '마르세유 노트르담 가르드' 성당은 숙소 거실에서 멀리 보인다. 밤에는 성당 불빛을 감상하는 기분이 좋다. 어느 도시든 랜드마크가 보이면 뷰 값이 있고 '뷰세권'은 세계 어디서나 통하는 단어다. 주인이 "뷰가 좋아!" 하며 잰 듯이 말한 이유를 알겠다. 노트르담 성당을 가장 아름다운 성당이라고 한 이유는 분홍빛 천장에 있다. 보는 순간 천장에 홀려버렸다. 내가 본 두 번째로 아름다운 성당은 꼬모 성당인데, 성당

천장이 짙은 푸른빛이어서다.

   노트르담 성당을 둘러보고 걸어서 내려가다 우연히 들어간 (간판은 잊어버린) 카페에서 커피를 마시는데 정말 맛있었다. 프랑스는 사실 커피 맛이 별로였는데 이 집은 기대 이상으로 훌륭해서 검색해보니 로스터리 카페라고 소개하고 있다. 광장에 아담한 야외테이블 공간이 있고 카페 내부로 들어가면 바로 주방이 있으며 이곳을 지나면 룸이 한 칸 정도 있다. 다시 뒷문을 열고 계단을 내려가면 사방이 벽으로 둘러쳐지고 하늘이 뚫린 야외 정원 카페 공간이 크다. 그러니 밖에서 보면 작아 보여도 안으로 들어가면 꽤 크다는 걸 알 수 있다. 커피 맛이 좋아 다시 가려고 했지만 그 근처에 노아유 재래시장이 있다는 걸 알아버려서 시장을 구경하느라 가지 못했다. 다니다 보면 나중에는 다리가 아파서 한두 곳은 포기하지 않던가. 알고 보니 그라피티 골목 계단을 끝까지 올라가면 넓고 긴 광장이 나오고 왼편으로 조금 내려가는 지점에 그 카페가 있었다.

   마르세유에서는 가다가 쉬다, 크레페 집이 보이면 들어가서 먹고, 나와서 다시 걷고, 돌다 보면 구항구가 나오고 중심가가 나오고 다시 구항구에 도착하게 된다. 지하철을 타고 버스를 타고 찬찬히 둘러보며 '구항구'로만 가면 제대로 간 것이다.

마데이라의 노숙인

마데이라 숙소는 광장에 있었는데 밤만 되면 이상한 소리가 들렸다. 문을 열고 내다봐도 어두워서 어디가 어디인지 감이 안 잡힌다. 그 소리는 묘하다. 단말마의 비명도 아니고 울부짖음도 아니고 악을 쓰는 건 맞는데 뭔가 호소력이 짙고 처량하다. 우렁찬 목소리로 말화살을 쏘는데 밤을 가르는 소리가 가슴을 후빈다. 매일 밤이 슬플 정도다. 언어를 알아듣지 못하는 것만큼 큰 절망감이 있을까.

"엄마, 아마도 울분을 토하는 것 같아. 가만히 들어봐."

딸이 말한다.

"그러네, 여기 아프리카 쪽 섬이니까 불법 이민자들이 많다는 소릴 들었는데, 맞네. 노숙자 정말 많았잖아. 근데 도대체 뭐라는 거지?"

사실 마데이라에 도착한 날부터 노숙인이 많다는 걸 알아챘다. 밤이면 소란스런 소리가 들려서 내다보면 부랑인들끼리 싸우는지 조용한 밤공기를 타고 시끄러웠다. 광장에도 밤이면 노숙인이 자리 깔고 있었는데 아침에 나가면 슬슬 일어나고 있었다. 그들이 관광객인 나를 뚫어지게 쳐다봐서 미안함 비슷한 감정이 들곤 했다. 그들은 북아프리카 사람처럼 피부색이 완전 검지는 않았고 백인도 있었다. 며칠 지나자 그들이 밤이 되면 뭔가 항의를 한다는 걸 알게 됐다. 어디에 대고 하는 항의인지 절절한 외침을 듣고 있으면 너무 슬펐다. 떠나는 날까지 알 수 없는 언어로 욕을 해대는 그들의 소리를 들으며 잠들었는데 세상 끝의 체류처럼 난해한 심정이 되곤 했다.

어느 날은 젤라또 가게 야외 테이블에서 젤라또를 먹는데 건너 보석가게 담벼락에 노숙인이 담요를 펼친다. 남의 가게 따윈 아랑곳없는 태도가 멀찍이 떨어진 내 눈에도 보인다. 난 그를 훔쳐본다. 체격이 크고 기품 있고 우아한 백인 남자다. 빈티지 샵에서 고른 듯한 체크 재킷은 멋스럽고, 구불거리는 은회색 풍성한 머리를 길게 길러 자태는 빛나고, 시니어모델도 따라가지 못할 아우라가 느껴진다.

딸에게 말을 건다.

"저기 저 노숙자 넘 멋지지 않니? 영화배우 저리 가라네. 영화배우가 전직은 아니겠지?"

"엄마, 여기 노숙자 정말 많다. 마치 노숙자의 천국 같아."

"그러게, 이 나라 정말 좋은 나라다."

"엄마, 저 개들 엄청 부티 나. 고급스럽네."

"그렇게 보이지? 보통 종이 아닌 것 같다. 근데 두 마리 씩이나 데리고 노숙을 하다니 보통내기가 아니다. 혼자 먹기도 힘든 판에 두 마리를 먹일 수나 있을까?"

"엄마, 여기는 유럽이야. 우리의 상식으로 생각하면 안 될 것 같아."

"그렇지. 우리는 여행자일 뿐이지. 현지 실체를 알긴 힘들겠지."

그의 옆 개 두 마리 역시 주인과 닮은 커다란 종으로, 회색털이 고급스럽게 보인다. 개 두 마리를 양옆에 앉히고 벽에 비스듬히 기대 책을 펼쳐 들고 읽기 시작한다. 그의 곁엔 그가 끌고 다니는 유모차 비슷한 작은 수레가 있다.

시내에서 개 두 마리를 데리고 벤치에 앉아 있는 노숙인을 여럿 봤다. 내 생각엔 본인 몸도 힘들 텐데 개를 두 마리씩이나? 의아하지만 내 생각이다. 어쩌면 온기 삼아 개를 끌어안고 자려는 건지도 모르겠다.

시에서는 몰려든 불법이민자 처리에 골치 아프다고 한다. 관용을 베풀어 이미 온 자는 어떻게 못하는데 수가 늘어간다고 한다. 시의 느슨한 행정과 매몰차게 쫓아내지 않는 정책 덕분에 그들은 이곳에서나마 불법으로 체류한다고 한다.

시간이 경과하여 마데이라가 떠오르면 단 며칠 머물렀을 뿐인데 어쩐지 굉장히 길었던 여행처럼 여겨졌다. 그만큼 여운이 길게 남아서다. 마데이라는 겨울인데 봄이었고 온갖 열대과일은 싸고 맛있었고 특산물인 바나나 밭은 산등성이를 따라 끝없이 이어졌다. 처음 보는 나한테도 잔을 부딪히며 흥허물 없이 대해준 따뜻한 주민들이 있었다. 단지 여행자로 머물렀을 뿐인데 말이다.

말라가, 환상과 노스탤지어

어느 날 아침 잠에서 깨어났을 때, 나는 문득 하나의 장소를 떠올렸다. 8월의 무더운 날이었다. 한 달 넘게 이어지는 끔찍한 더위와 밤마다 계속되는 열대야에 지쳐 간밤에도 몇 번을 숨 막히는 갑갑함 속에서 깨어났다 다시 잠들곤 했다. 선풍기를 켰다 껐다 하면서.

그 장소는 스페인의 말라가였다. 거기라면 어쩌면 나는 혼자 배낭여행을 꿈꿔도 되지 않을까 하는 생각. 영어를 쓰는 나라에 간다면 영어를 못하는 내가 심하게 주눅 들어 한마디도 못하고 쩔쩔매느라 공포스런 여행이 될 것임이 분명하다. 그러나 스페인 같은 나라 사람들은 영어도 서툴 테고 여행객들도 많을 테니 버벅대며 생존영어를 써도 먹힐 것이다. 말라가를 메인으로 다니면 이동 거리도 멀지 않을 것 같다는 생각이 든다. 숙소를 말라가에 잡고 차를 렌트한다. 말라가 주변엔 해변이 널려 있고 아름다운 마을이 많다고 한다. 렌트한 차로 유럽의 발코니 '코스타델솔'을 드라이브하고…… 너무 멋지겠다.

가이드북에는 물가도 비교적 저렴하고 차 렌트 비용도 싸다고 되어 있다. 한 숙소에 오래 묵으며 천천히 거리를 걷고 현지인처럼 장 봐서 밥 해 먹고 글을 쓰고. 이동이 많지 않으니 도전해 봐도 될 것 같다.

거의 20년 전에 단체에 끼여 간 스페인 일주 때, 나는 말라가의 낡은 호텔에서 하룻밤을 잔 적이 있다. 2월인데 호텔은 몹시 추워서 잠 못 들 정도였다. 유럽은 겨울이 우기라 말라가에 갔을 때도 전날 비가 내렸다. 매일 추적추적 내리는 비에 기온은 안 낮아도 냉기가 심했다. 체감온도는 더 낮아서 춥다는 느낌이 강하다. 한마디로 기분 나쁜 추위다.

말라가 호텔은 엘리베이터가 고장 나 5층까지 계단으로 짐을 날라야 했다. 좁디좁은 엘리베이터도 수동인데 그 수동마저 고장이 났으니 낑낑거리며 걸어서 캐리어를 끌고 올라갔다. 방에 도착했을 땐 팔이 무너진 후였다. 덜렁거리는 아픈 팔을 부여잡고 선잠만 자고 말라가를 떠나던 날까지 비는 내리고 몹시 추웠다. 우리 일행은 부실한 아침식사를 쫓기듯 하고 다음 행선지인 그라나다로 떠나야만 했다. 그러니 말라가에 갔다고는 말 못 한다.

아침에 일어나서 커튼을 열고 내다보니 낯선 지붕들 너

머로 저 멀리 해변이 보였다. 해변은 레이스 커튼에 가려진 듯 흐릿하고 불명확하게 보였다. 안개가 끼어 아스라했으나 몹시 아름답겠단 느낌이 들었다. 그게 전부다. 그렇게 설레는 감정을 몸 안에 집어넣고 말라가를 떠났다. 버스를 타고 이동하면서 보이는 거리는 그냥 풍경처럼 을씨년스러울 뿐 뇌리에 새겨지지 않았다.

내가 말라가에 꼭 다시 가야 하는 이유였다. 이 생각을 가지고 말라가가 속해 있는 안달루시아가 특집으로 나온 〈뚜르드몽드〉 2017년판 7월호를 나는 여태껏 보관하고 있었다. 특집으로 '코스타델솔'이 긴 페이지로 나와 있어서다. 나는 잡지를 읽으면서 '말라가의 해정 씨'란 소설을 쓰며 코스타델솔 해안을 자세히 묘사했다. 소설은 상상만으로 썼기 때문에 정말 가보고 싶은 곳이 돼버렸다.

2024년 3월 새벽 1시, 에어프랑스로 파리를 경유해 '말라가 코스타델솔' 공항에 내렸다. 수하물 컨베이어 벨트가 멈췄다. 초췌한 여행객 5명이 멈춘 벨트 앞에 서 있었는데 다 한국인이었다. 한국 사람 짐만 나오지 않았다. 물어볼 직원 하나 보이지 않고 우리만이 덩그러니 서 있었다. 젊은 남성 분이 말했다.

"저 쪽으로 한번 가봅시다. 전에도 이런 일이 있었는데

짐이 한구석에 있더라구요."

우리는 그를 따라 이곳저곳을 기웃거렸다. 어딘지 모를 구석에 짐가방 다섯 개가 팽개쳐져 있었다. 각자 짐을 찾았다. 젊은 남성분은 벌써 사라졌다. 젊은 여성이 나에게 물었다.

"어디 가세요?"

"우리는 말라가 구시가지에서 묵을 건데 당신은요?"

"저는 엄마랑 왔는데 바로 마드리드로 이동하려고요. 기차 타고 갈 거예요. 좋은 여행 되세요."

모녀는 금세 사라지고 딸과 나만 남았다. 택시 승강장을 찾으려는데 연미복을 빼입은 나이 지긋한 남성이 우리 앞으로 오며 자기를 따라오라고 한다. 한밤중이라 안내를 해주나 보다 속삭이며 그를 따라가는데 2층만 뱅뱅 돌고 있다. 돈을 요구하는 제스처가 아무래도 수상하고 공항 안에서만 움직인다는 생각이 들어서 그를 따돌려야 하는데 쉽지 않았다. 예의를 갖추고 매우 친절한 그는 검은 벨벳 재킷 안에 목에 레이스가 오글오글한 흰 블라우스를 입고 가슴에는 행커치프까지 갖췄다. 검정 페도라에 수염을 우아하게 기른 그는 공연 중에 잠깐 나온 배우 차림새였다. 조금 무섭기도 하고 무슨 상황인지 감이 안 잡혔다. 우린 뭐지? 하며 그의 뒤에서 반대 방향으로 내달려 겨우 밖으로 나왔다. 우리가 서 있는 방향이 안 맞는지 우버가 두 번이나 캔슬되고 수수료만 나갔다. 한참을 헤매다 우버를 타고 구시가지 숙소로 갔다. 숙소를 어렵게 찾아 2층까지 짐을 올리고 나니 새벽 4시였다. 구시가지에서 며칠 머무르고 신시가지로 숙소를 옮겼다. '코스타델솔'을 드라이브하려면 차를 렌트해야 하는데 신시가지에서 지내는 게 효율적이기 때문이다.

'코스타델솔Costa del sol'은 '태양의 해변'이란 뜻으로 말라가에서 지브롤터까지 300km 이상 이어지는 해변을 말한다. 어쩌면 버킷리스트란 단어가 내 속마음에 있었던 듯하다. 그런 단어에 목을 매는 타입이 아닌데 말라가에 머물자 '버킷리스트 실현 중'이라는 문장이 떠올랐다. '코스타델솔'을 따라 끝없이 드라이브하고 말라가 주변에 널려 있는 해안 도시를 모두 가고 산 위의 아름다운 마을에 가는 것은 믿기지 않은 일처럼 여겨졌는데 내 생에 실지로 일어났다. 나는 예전에 은희경의 산문 〈우연한 여행자들의 발견〉을 잡지에서 보고 설레던 감정을 불러내어 실천해나갔는데 비로소 '프리힐리아나'에도 가보았다. 3월인데도 매일매일 날씨는 천국이고 세상 끝까지 이어질 듯한 바다는 아무리 달려도 끝이 없었다.

이른 아침 한적함을 걷다

늦잠을 자려 해도 여행지에서는 일찍 깨어나게 된다. 참 이상하다. 집에서는 늦잠을 가끔 자는데 여행 오면 누가 깨우는 것도 아닌데 일찍 눈이 떠진다. 눈을 뜨는 순간 이곳이 여행지라는 의식이 드는데, 이때의 막연한 설렘을 주체할 수 없다. 여행하는 동안은 집에서처럼 진부하거나 뻔하다는 생각이 들지 않는다. 오늘은 또 어떤 스케줄이 나를 기다리고 있을까.

아침을 먹고 오늘은 여유롭게 호텔 주변을 산책하기로 했다. 이것 또한 여행지에서 경험하는 즐거움 중 하나다. 침대에서 한두 시간 책을 읽거나, 늦잠을 자거나, 뭉그적거리는 달콤함을 포기하고, 나는 여행 중에 이런 행위들을 돌려가며 느끼려고 한다.

방문하는 장소는 시간대와 계절과 동행에 따라 다르다. 어제는 무척 즐겼는데 아침에 일찍 나가서 보니 어제의 그

동네가 맞나? 하는 생각이 들 정도로 초라하고 스산하기까지 한 데가 많다.

도시는 늦게 깨어난다. 도시의 관광객들은 다들 늦잠을 자니까 말이다. 아침에 슬렁슬렁 나가 보니 가게는 문을 닫고 거리에는 사람 하나 없다. 낮이 되면 관광객이 몰려들고 가게는 불이 켜지고 거리는 다시 소란스러워지고 생동감이 돌 것이지만.

이런 조용한 거리를 혼자 걷는다. 크로스백을 두르고 호텔을 나서니 비로소 골목의 텅 빔이 보인다. 아침 산책 때도 항상 여권과 지갑은 몸에 지닌다. 어젯밤의 환락이 지워진 말끔하게 씻긴 골목은 아직 잠에서 덜 깨었다. 청소부가 거리를 대강 쓸며 지나가고 고양이는 기지개를 켠다고 등을 잔뜩 웅크린다. 덜컹거리는 청소 도구가 든 수레를 끌고 콧노래까지 흥얼거리던 청소부가 나를 보더니 웃으며 "헬로" 한다. 나도 "하이!" 하며 웃어준다. 이런 제스처 하나만으로 기분이 좋아진다. 나는 게으르게 발걸음을 옮기며 어쩌면 내 과거의 어느 때를 소환하듯 천천히 걷는다. 전에도 이랬던 것 같은 기시감이 따라온다. 기시감에 근거는 없지만 환청 같은 울림이 있다.

큰 거리가 나오고 장사할 마음이 없다는 듯 상점들은 굳게 닫혀 있다. 장사 따윈 집어치우고 여행이나 가버린 듯 닫힌 셔터 문은 막막한 단절감을 준다.

  나는 이 도시 주민인 듯(개만 옆에 없다뿐이지) 좋아하는 집을 구경하며 몇 골목을 설렁설렁 걸어간다. 얼마쯤 걸어가자 어제 차에서 스쳐 지나갔던 공원 입구에 다다른다. 동네 공원도 한적하기는 마찬가지, 주민이 운동복을 입고 개와 함께 산책을 한다. 우리 동네가 아닌 이국에서 보니 이것 또한 멋지게 보인다. 처음 갔는데 이상하게 살았던 데처럼 향수를 불러일으키는 곳이 있는데 여기가 그렇다.

  공원을 한 바퀴 돌아 짤막한 산책을 마치고 호텔로 돌아가는 길, 스멀스멀 도시가 시끄러워지며 번잡해지기 시작한다. 드디어 오늘 하루가 열리는 것이다. 도시는 이런 곳이다. 얼른 준비하고 나가야지, 마음이 바빠진다.

현재를 즐기는 방법

나는 가끔 여행지에서 두려울 때가 있다. 내가 갑자기 죽어버린다면? 하는 생각이 들 때다. 이 얼마나 난감한 일인가. 내 과한 상상에 웃고 말지만 실지로 그런 일이 일어날 수 있다. 언젠가 여행지에서 만난 분에게서 이런 얘길 들었다. 여러 명이 네팔의 산 트래킹을 하던 중에 혼자 오신 남성분이 아침에 숙소에서 나오지 않기에 가보니 누운 채로 심장이 멎었더라고. 남의 얘기라 듣고 넘겼지만 충격은 꽤 오래갔다. 죽은 나야 죽어버렸으니 상관없지만 뒷감당할 가족은 무슨 죄란 말인가. 그러니 여행 때 보험은 필수다.

감기몸살로 여행 내내 아픈 적이 몇 번 있어서 고생했는데 귀국할 땐 다 나아 있었다. 여행지에서는 하루 비용이 만만치 않기에 기를 쓰고라도 나가서 돌아다니게 된다. 아무 할 일 없이 호텔에 가만히 있는 것처럼 답답한 건 없다.

때로 혼자 여행은 고독하기도 하고 의기소침해지기도

한다. 식당에 가면 더 그렇다. 쇼핑할 때도 물어볼 사람이 없다. 미술관도 그렇다. 감상하고 의견을 나누고 싶은데, 동행이 없으니 딱하다. 옆의 누군가는 이럴 때 필요하다. 때에 따라서 혼자 여행하는 게 좋을 때도 있는데, 참 이중적인 마음이 혼재하는 건 어쩔 수 없다. 혼자는 좋으면서 외롭고, 동행과는 좋다가도 거슬린다. 그러니 이번에는 혼자, 다음번에는 동행과 같이, 여행도 지그재그로 하면 좋겠다. 사람 간 관계는 딱 붙으면 쉽게 틀어지고 거리가 멀면 아득한 사이가 되니 이율배반적이다. 어디까지가 적당한 걸까.

여행지에선 정확한 목표가 없이 한가하게 즐긴다. 그게 이번 여행의 목적이다.

아침부터 나와서 돌아다녔다. 이제 이 도시는 대충 알 만큼 알겠다. 오후 세 시, 광장 한 켠의 노천 테이블에 앉아서 맥주를 시킨다. 햇살이 비추는 바깥에 앉아 있는 행복감이 밀려온다. 사람이 아주 많지도 없지도 않은 적당한 번잡함이 좋다. 지나다니는 사람들 구경하는 재미에 빠져든다. 그들은 어느 한 면만 나에게 보여준다. 지금 그가 걸친 룩이 그것을 증명한다. 차림새는 곧 그다. 정체성이다. 현재 입고 있는 패션이 그가 내게 주는 신호다. 모르는 사람이지만 나는 그를 관찰한다. 나도 관찰당할 것이다.

현재가 중요하다

나는 옷 잘 입는 사람을 부러워한다. 나도 잘 입고 다니고 싶다. 조화를 잘 이룬 패션과 과하지 않게 꾸미는 '꾸안꾸 스타일'에 끌린다. 사실 꾸안꾸 스타일이 은근 공들인 것이라고 어느 스타일리스트가 말했다. 매일 멋지게 차려입을 수는 없다. 매우 부지런한 사람이 아니라면. 패션 잡지를 보고 있으면 당장 백화점에 쇼핑하러 가고 싶은 욕구가 든다. 음식 사진을 보면 맛집에 가고 싶다. 욕구와 본능 앞에서 생기는 자연스런 현상이다.

카페 야외 테이블에 앉아 멋지게 차려입고 지나가는 사람을 보면 그를 따라 하고 싶어진다. 나도 저렇게 멋지게 보이고 싶다.

나는 지금 현재를 즐기는 중이다.

마데이라에서 보낸 크리스마스

'마데이라 크리스티아누 호날두' 국제공항에서 버스로 푼샬 구시가지에 내리니 늦은 오후다. 에어비엔비 숙소에 짐을 놓고 시내로 나간다. 리스본과 포르투에서 머문 날이 보름 정도 되었나 헷갈린다. 현재에 집중하기 때문에 지나온 경로는 가슴 밑바닥에 저장되어 벌써 기억이 가물가물하다. 동네만 대충 둘러보고 숙소 골목 부식가게에서 반찬거리와 물과 과일을 사 들고 들어와 저녁밥을 짓는다.

숙소는 카페가 서너 개 빙 둘러 모인 광장에 있는데 건물 입구 벽에 'AL'(여행자 숙소라는 뜻)이라는 팻말이 붙어 있다. 여기 집들이 다 그렇듯 좁은 건물에 창이 길게 난 3층 주택의 2층은 주민 집, 내 숙소는 3층이다. 1층엔 안경점, 붙은 옆 건물은 액세서리 가게, 그 옆도 식당 겸 카페다. 덧문을 열고 발코니로 나가니 카페들은 저녁 장사가 한창이다.

설거지를 해놓고 서둘러 밤의 거리로 나간다. 크리스마

스 시즌이어서 시내에는 온통 하늘조명을 매달아놓아 빛의 도시로 축제는 시작된 듯하다. 골목길을 빙빙 돌아 해변까지 걸어가는 길은 조명이 반짝거리고 사람들 표정은 붕 뜬 듯 보인다. 주민들은 테라스에 모여 앉아서 크리스마스 주간을 즐기는 중이다. "올라~" 하며 모르는 사람인 나에게도 인사를 건넨다.

포르투갈에 와서 느낀 점은 주민들이 먼저 말을 걸어주고 친절해서 낯선 외국인인 내가 무척 편안하다는 것이다. 이방인을 경계하는 이질감을 전혀 못 느꼈다. 물가도 싸고 가는 곳마다 특색이 있어서 진정 여행을 하고 있다는 생각이 들었다. 나흘 후면 크리스마스이브인데, 마데이라에서 크리스마스를 보낸다고 생각하니 살짝 흥분이 된다.

12월 23일 밤은 절정이었다. 낮에 메인 거리에서 포장마차 집 모형을 들어 나르고 술통을 쌓고 집기들을 나르는 걸 보고 밤에 나갔다. 주민과 가게주인, 관광객 모두가 한통속으로 시끌시끌 화기애애하고 인파가 장난이 아니다. 끼리끼리 모여서 폰차Poncha와 맥주, 와인 잔을 부딪치며 축배를 든다.

폰차는 사탕수수에 알코올과 꿀 설탕 오렌지 또는 레몬을 섞은 술인데 생각보다 세다. 여기 주민들은 폰차를 가장 사랑하는 듯 많이 마셨다. 카페엔 앉을 자리가 없고 걷기도 힘들 만큼 사람이 많았다. 곳곳에 경찰들이 서 있지만 그림자일 뿐이다. 경찰복을 입고 허리에 곤봉 같은 걸 찬 경찰은 환한 표정으로 사람들과 말을 섞는다. 모두 질서 있게 즐기며 누구 하나 악을 쓰거나 술주정을 하거나 보기 싫은 모습을 하는 사람이 없다. 여행하기에 좋은 곳이라더니 실감이 난다. 평소엔 그냥 골목인데 23일 저녁 하루만 이렇게 노상 바를 연다고 한다.

이틀 전 마데이라 서쪽 끝 화산 벼랑길을 풀데이로 트래킹할 때, 가이드 할아버지가 마데이라에 왔으니 꼭 먹어보라던 진지냐Ginjinha 가게가 두 집 건너 한집 꼴로 있다. 진지냐 또는 진자Ginja라고 불리는 체리로 만든 포르투갈 술은 소주잔 크기의 초콜릿으로 만든 술잔에 담는다. 그래서 술을 홀짝 마신 다음 잔을 깨물어 먹는다. 상인이 적극적으로 마시는 시범을 보여줘서 1.5유로를 주고 한 잔 마신다. 본토에서는 진지냐라고 하는데 이곳에서는 지인자라고 발음을 길게 빼서 부른다. 여기 사람들은 술을 정말로 즐긴다는 느낌이 들었는데 마트에서 살펴보니 마데이라에서 나오는 술 여러 종류가 진열돼 있었다. 술 코너 한쪽 벽 전체가 온통 '메이드 인 마데이라'였다.

이튿날인 24일 이브에 거리에 나가니 분위기가 이상하다. 어젯밤 축제 분위기는 간곳없고 포장마차는 어디로 거둬들였는지 거리는 깨끗하게 치워져 한산할 정도다. 한산하다 못해 숙연한 분위기까지 감지된다. 하룻밤에 확 바뀐 것에 관광객인 나는 당황한다. 상점은 오전만 반짝 문을 열고 오후가 되니 분위기가 급격히 변한다. (푼샬은 날이 밝으면 가게들이 일찍 문을 열어 활기차고 부지런한 곳이었다. 사실 포르투갈 상점들은 일찍 문을 열고 밤늦게 닫아서 한국과 비슷했다.) 모든 가게들이 문을 닫아버린 것이다. 부식가게도 문을 닫아서 할 수 없이 큰 슈퍼로 갔다. 거리에는 큰 슈퍼 한두 곳과 관광지 식당만 문을 열고 일제히 휴점에 들어갔다. 정작 이브 오후엔 암흑같이 캄캄할 정도로 시내가 조용했다.

짐작건대 주민들은 성당만 가고 집에서 쉬는 모양이다. 택시도, 몬테마을에 토보간 타러 올라가는 케이블카도, 시내시외 관광버스도 운행정지. 그러니 여행객인 나만 난감한 상황이 된다. 어쩔 수 없이 24일에는 시내의 큰 성당에 갔다가 해변에 위치한 관광객 식당에서 줄서서 밥을 먹고 해변을 어슬렁거렸다. 해변의 좌판도 놀이기구도 멈췄다. 카페고 젤라또 가게고 다 문을 닫았으니 갈 데가 없는 심심한 크리스마스 이브가 되었다.

엿새 정도 머물면서 트래킹도 하고 2층 투어버스도 타고 먼 동네에도 가고 갈 만한 곳은 대강 가보았기에 마음으로 위로하며 조용한 크리스마스 이브를 보냈다. 다음 날 25일 새벽에 짐을 꾸려 숙소에서 나가니 어제 예약한 우버 택시가 공항으로 나를 데려가기 위해 기다리고 있었다.

리옹 근처의 시골마을

리옹은 구시가지를 가운데 두고 양옆으로 론 강과 손 강이 흐른다.

옛 건물 그대로인 리옹 시청을 지나 걸어가면 건물 벽 발코니에 유명인들의 초상화를 그려넣은 벽화 건물이 손 강가에 있다. 리옹의 유명 인사들을 벽화에 그려 넣은 발상이 신선하고 재밌다. 생텍쥐페리와 어린왕자가 함께한 발코니도 있다. (생텍쥐페리는 리옹이 고향으로 벨쿠르광장에 동상이 있다.)

걷다 보면 반드시 점찍은 스팟이 연결되는 현상은 어느 도시든지 같은 패턴이었다. 손 강 다리에서 푸르비에르 언덕이 바로 올려다보인다. 리옹에 도착한 다음 날 푸니쿨라를 타고 푸르비에르 언덕의 노트르담 대성당에 갔다. 성당을 둘러본 다음 이곳에 온 모든 사람들이 한곳을 향해 보고 있는 전경 앞에 선다. 얼마나 까마득한지 광야다운 위엄이 느껴지는 대륙에 압도된다. 이 땅이 얼마나 넓은지 헤아려진다. 강이 있고 대지가 넓으니 풍요로움은 당연할 것이다. 리옹은 한마디로 잘사는 집 같은 느낌을 준다. 도시는 정돈되고 공기 중에 부유함의 냄새가 난다.

　프랑스 동부 보졸레 지역으로 들어서자 본격적인 포도밭 풍경이 이어진다. 이 길을 계속 달리면 부르고뉴 지방이다. 완만한 능선을 타고 끓어질 듯 이어지는 시골마을은 평온하고 잔잔해서 무해한 환경일 것 같고 일생 동안 살아도 별 사건 사고 없이 무탈한 삶이 이어질 것만 같다.
　프랑스 정부에서 인증받은 '프랑스 아름다운 시골마을'은 2020년 기준 159개 마을이라고 한다. 아름다운 시골마을로 선정되는 조건은 몇 가지 있다고 하는데, '우앙^{Oingt} 마을'은 그런 마을 중 한 곳이다. 리옹에서 차로 1시간쯤 걸리는 곳이다.
　렌트한 차는 기아 전기차로, 렌트비만 내고 하루종일 공짜로 쓰라고 직원분이 유머 섞인 말씀을 하신다. 전기가 빵빵해서 충전을 할 필요가 없었고 반납 때까지도 전기가 많이 남았다. 미리 예약한, 보졸레에 위치한 '샤토 드 라 세즈'에서 나와 딸 둘만을 위한 와이너리 탐방을 끝내고 직원분에게 우앙 마을에 갈 거라고 말하니 30분 걸린다고 설명을 해준다.
　드넓은 벌판에 둔덕이 많은, 가도 가도 놓치기 아까운 전

현재가 중요하다　243

원풍경이 계속 이어진다. 수없이 많은 마을을 지나 어디쯤에 우앙 마을이 있다. 공동주차장에 차를 대고 비스듬한 언덕길을 오른다. 입구부터가 예사롭지 않다. 마을 전체가 붉은 돌집으로 조용하고 한산해서 적막감을 준다. 보졸레에는 석회암에 산화철이 함유되어 돌이 붉으니 붉은 컬러의 마을이 되었을 것이다.

 우앙 마을의 역사를 짧게 읽었던 터라 심중에 새기며 마을을 둘러보기로 한다. 예술가들의 마을로 공방과 갤러리가 있다는데 비수기라서 다 문을 닫았다.

 외지인은 우리 둘과 프랑스 처녀 단 세 명이다. 아직 추위가 가시지 않은 작디작은 마을은 방문객이 없어선지 두세 개의 카페는 문을 닫았다. 골목을 바라보며 차를 한 잔 마시고 싶은데 방법이 없다. 골목길을 돌아갈 때마다 프랑스 처녀와 마주친다. 그녀도 우리를 보고 미소를 짓는다. 마을은 다 돌아보는 데 1시간이면 충분하다. 맨 꼭대기 교회에서 바라보는 포도밭 뷰는 이대로 멈춰 있고 싶을 만큼 잔잔하게 펼쳐진다. 어느 곳이든 올라가서 바라보는 곳은 꼭 올라가봐야 한다. 멋진 곳은 다 높은 곳에 있더라, 가 내 체험이다.

 아직 낮이라 리옹으로 가는 게 내키지 않아서 갈까 말까 망설이던 '페루즈Perouges 마을'을 네비게이션에 찍는다. 1시간 30분이 나온다. 바로 출발한다. 갈수록 아까의 아름다운 둔덕 풍경은 간데없고 전형적이고 특징 없는 벌판을 가로질러 달린다. 네비게이션이 잘못되었나 의심이 들지만 여기가 어딘지 모르니 멈출 수가 없어 직진을 한다. 2시간 동안 쉼 없이 달려도 페루즈 마을은 어디 있는지 모르겠다. 오늘 안에 갈 수나 있을까 초조해지기 시작하는데 드디어 곧 도착이라고 뜬다.

페루즈 마을도 얕은 언덕에 있다. 이곳도 입구부터 예사롭지 않다. 우앙 마을과 다르게 검은 돌집으로, 색채는 어둡고 묵직하다. 집도 바닥도 검은 돌의 패턴으로, 성곽 안에 자리 잡은 제법 큰 마을이다. 여긴 외지인이 제법 있다.

마을 중앙 광장에 가니 햇볕을 듬뿍 받은 카페에 사람이 몇 둘러 앉아 있다. 가게 입구 화로에 동그란 솥단지 같은 게 얹혀 있고 국자가 걸쳐져 있고 '뱅쇼Vin Chaud 3.70유로'라고 쓰여 있다. 물어보니 겨울철에 마시는 데운 와인이라고 한다. 우리는 호기심으로 가득 찬 시선을 교환하며 따뜻한 뱅쇼를 주문한다.

햇살을 등지고 오래 앉아 있다 마을을 둘러보려고 일어선다. 일부 상점도 숙박업소도 개점휴업이고 페루즈의 전통 디저트 갈레트 가게만 문을 열었다. 한 조각을 사서 걸으며 먹는다. 역사 깊은 중세 마을을 둘러보며 프랑스 아름다운 시골마을을 전부 가보고 싶다고 생각한다. 어느 나라든지 옛 마을을 보존하며 사는 유서 깊은 문화에는 깊은 경외감이 든다.

타오르미나와 그리스 극장

집콕이 길어질수록 집에서 영화나 책 보기, 걷기, 가끔 서점 방문이나 드라이브 같은 걸 하게 된다. 이 모든 것도 강제로 혼자 하니 별로다. 강제로 하는 자유와 그냥 자유는 완전히 다르다.

와이너리 여행을 몇 번 다녀온 후, 제법 와인 맛을 알아버린 나는 와이너리 상점에 가기로 하고 검색해서 부산 센텀시티에 있는 와인 매장에 갔다. 잘 모르니까 '와인 어플'로 품질을 비교해보는 것도 나쁘지 않았다. 가성비 따져서 몇 병 사 들고 왔다. 더불어 남편이 보던 와인 책도 보고 이것저것 마셔보니 와인을 조금은 알 것도 같아졌다.

본래 한 번 해보면 더 진보하는 법. 코스트코 매장에 가서 가장 저렴한 와인셀러를 사는 데까지 나아갔다. 사실 술이라면 젬병인 나는 단지 여행이 좋아 와이너리 여행팀에 끼어서 보드로로 떠났다. 첫 와이너리 투어였는데 지인이 리더로 있는 탓에 가게 된 것이다.

　보르도 매독 지역과 생떼밀리옹 지역에서 와이너리 투어를 했다. 몇 번 하다 보니 지하의 와인 저장고 앞에만 가도 술 익는 냄새에 홀리듯 끌렸다. 덤으로 끝없이 이어진 포도밭과 멋진 샤또 들을 바라보며 느긋하게 다니는 여행에 완전 빠져버렸다. 와이너리 바에 기대 서서 시음을 하는 맛이 꽤 그럴듯했다. 와이너리 주인과 직원은 열심히 와인 설명을 하고 잔을 채워주고 뱉는 통을 주고 와인 저장고를 보여준다. 투어를 몇 번 반복하는 사이 살짝 와인 맛을 알게 되었다.

　보르도를 다녀온 후 일 년 만에 시칠리아에 가게 되었을 때 와인에 대한 기대가 컸고 와인을 조금 더 공부하는 시간을 가졌다. 다음번 와이너리 투어로 호주와 스페인을 마음속에 예약해 뒀는데 코로나로 다 기약 없게 돼버렸다.

　2025년 3월 나는 시칠리아 전역을 돌고 있다. 밀라노에서 인아웃을 하기에 남부 바리에서 얼마간 머물고 카타니아로 건너왔다. 카타니아 공항에서 버스로 타오르미나로 가서 1박하고 카타니아와 팔레르모에 가서 지내다 밀라노로 복귀해 밀라노 근교를 돌아보는 일정이다.

　타오르미나에 예약한 호텔은 코르소 움베르토 거리의

상점 위층인데 형제 두 분이 운영한다고 한다. 방을 안내해 준 젊은 사장님은 어깨에 힘을 주며 발코니로 나가서 레몬과 귤나무가 심어진 정원을 가리키며 "예쁘죠?" 한다. 정원이 예쁘고 타오르미나의 집들이 다 보여 아름답다고 화답한다. 사장님이 나가자마자 급하게 그리스 극장으로 가 표를 사서 들어간다. 오 마이 갓! 이처럼 아름다운 극장이라니. 고대하던 그리스 극장에 앉아 바다를 바라보는 시간을 갖게 된 것이 현실이 아닌 것만 같다. 언젠가 시칠리아에 가게 된다면 그것은 그리스 극장을 가기 위해서라고 말했는데, 이렇게 꿈이 실제로 이뤄질 줄 상상이나 했던가. 6년 전에 타오르미나에 왔지만 그리스 극장에 가지 못했던 것이 비탄스러워 오래오래 앉아서 감격을 음미했다.

　이튿날은 아침 일찍 버스로 카스텔몰라에 올라가서 이오니아 바다를 감상한 다음 이솔라벨라 해변으로 가서 마음껏 해변을 서성였다. 간조, 만조 현상에 따라 해변에서 이솔라벨라 섬으로 가는 폭이 좁은 바닷길이 열리는데 만조라서 물이 들어차 파도가 거세다. 이솔라벨라 섬은 맘마미아 영화 촬영지로 유명한데, 영화 속 메릴 스트립이 살던 주택 한 채가 멀리 보인다. 사람들은 센 파도에도 아랑곳없이 바지를 걷고 건너가 배꼽까지 물이 차서 옷을 다 적시고도 행복한 환호성을 지른다. 태양이 맑게 지글거리는 해변에 앉아 한참을 보내고 코르소 움베르토 거리까지 버스를 타고 가서, 이곳에 오면 꼭 먹어봐야 하는 아란치니와 그라니따 식당을 찾는다. 거리는 시칠리아의 상징인 메두사와 머리화분이 상점마다 즐비하고, 식당에서는 맛있는 냄새가 풍겨 오고, 관광객이 몰려들기 시작한다. 오후 늦게 카타니아로 갈 예정이다.

시칠리아는 두 번째 방문이지만 낯선 땅의 느낌은 처음인 듯 강렬하다. 시칠리아만의 독보적인 특별함은 그곳에 머물러야만 알 수 있는 것 같다. 단순히 매력적이라고 표현하기엔 아쉬운 것으로 뒤섞인 감정 같은, 말하기 어려운 그 무엇이 있다. 시칠리아 사람들은 이탈리아 사람이라고 하기보다 '시칠리아인'이라고 말한다고 한다. 그들만의 각각 다르면서 분명한, 개성 강한 도시들과 복잡한 역사와 문화와 생각에서 나온 말일 것이다.

이탈리아 본토도 시칠리아 일정도 택시 요금이 비싸다는 걸 알고 버스나 기차를 타고 다녔다. 인터넷에서 확인한 버스 시간표는 대체로 정확했다. 시내에서는 버스를, 시외로 나가면 버스 혹은 기차를 탔다. 사람들은 친절하고 햇살은 빛나고, 사고 싶은 기념품은 많고(피스타치오페스토와 바질페스토, 올리브오일 등 식재료가 풍부하고 저렴하다), 현지에서 생산되는 피스타치오, 레몬으로 만든 것은 다양하고 커피까지 베스트였다. 집에 와서 사진을 보니 사진 속에 햇살이 넘칠 듯 담겨 있었다.

    나는 매번 "이번이 마지막이야." 하면서 여행을 떠난다.

나는 가끔 추억을 위해 광복동에 간다

어디론가 간다는 말은 설렌다. 어딘가 가기 위해 옷을 차려입고 마지막으로 거울을 보고 집을 나서는 기분은 참 좋다. 반대로 갈 데가 없는 날은 대충 입고 푹 퍼져서 생기가 없다.

나는 한 번씩 광복동을 가는데 오래된 습관 같은 것이다. 답답하고 지칠 때 광복동에 가보는 것은 어릴 때 버릇이 이어진 때문이니 결국 나는 '추억'으로 사는 인간인가 보다.

보수동 헌책방골목에 가서 신경숙의 『어디선가 나를 찾는 전화벨이 울리고』 아멜리 노통브의 『오후 네 시』 CD가 뒤섞여 들어 있는 박스에서 '슈베르트'를 골랐다.

신경숙의 소설은 오래전에 읽었는데 얼마 전에 생각나 책장을 뒤져봤지만 안 나왔다. 책은 빌려줄 게 아니다, 라는 생각을 다시 했다. 빌려간 책은 절대로 돌아오지 않는다. 책을 빌려주면서 나는 돌려받을 기대를 잘 하지 않는다.

책이 많이 쌓여서 얼마 전 나는 마음먹고 과감히 정리했다. 요즘 집착하는 생각이 '미니멀리즘을 실천하자'여서 헌 옷, 헌가구도 몇 개나 내다 버렸다. 내다 버릴 물건을 눈으로 쫓다 보니 내 눈은 버릴 걸 찾아 헤매고 다닌다. 이러다간 남아날 게 없을지도 모르겠다. 그 끝에 책을 정리하게 된 것이다. 대부분 문학 서적이라 아깝지만 골라내서 예스24에 중고로 팔고 남은 것은 분리수거일에 내다 놓으며 "필요하신 분 가져가시오" 했더니 사람들이 다 가져갔다. 예스24는 까다로워서 책에 조금만 흠집이 나도 가져가지 않는다. 몇 권 가져갔는데 만 원 대의 돈을 받고 보니 이럴 게 아니라 언젠가는 북카페를 해야겠다, 쪽으로 마음이 기울기 시작한다. 이렇게 늘 나는 뭔가 꿈을 꾸고 있다.

광복동에 나왔으니 점심을 간단히 먹고 레트로 다방에 앉아서 신경숙을 읽기 시작했다. 첫 문장부터 가슴이 떨리기 시작한다. 이미 읽었는데도 처음 읽는 느낌이다. 이런 글은 아껴가며 읽어야 한다. 커피를 한 모금씩 마시며 문장을 천천히 씹어 먹듯 마음에 새기며 읽는다. 아껴가며 읽는 글이 얼마나 될까.

광복동은 내 청춘 시절 아지트 같은 장소다. 여고 때부터 들락거리며 청춘의 한 시기를 매일 출근하다시피 돌아다닌 장소다. 광복동 일대의 풍경은 거의 40년이 흐른 지금도 그때와 별반 다르지 않다. 악기골목 대신 옷가게가 늘어서고 그 많던 아지트 같던 다방은 프랜차이즈 카페로 대체됐다. 좁은 골목은 거의 그대로다. 그러기도 힘든데 먹자골목의 메뉴도 그때와 똑같다. 다른 곳이 몰라볼 정도로 변한 것에 비하면 광복동 일대는 그대로라는 것에 놀라면서도 안도한다. 시골이라면 몰라도 도시에서 변하지 않는 거리를 발견한다는 건 거의 기적과도 같다. 그것도 대도시에서.

나는 청춘의 한 시기를 통과하며 청춘의 열병을 심하게 앓았다. 진로 문제에 집안 문제에 친구 문제에 애인 문제에, 사회적 모든 문제를 내 안에 껴안고 숨이 끓어질 듯 고통스럽게 지냈다. 방황에 방황을 거듭하던 그 시절, 숨이 막히고 갑갑하면 버스를 타고 시내로 나갔다. 목적지는 언제나 남포동, 광복동 일대였다. 정처 없이 돌아다니다 서점에 들어가 책을 훑어보고, 극장에 가서 영화를 보고, 친구를 불러내 맥주를 마셨다. 음악실에 하루 종일 처박혀 은둔자처럼 초췌하게 있기도 했다. 후에 생각해보니 그렇게 힘든 문제가 뭐였지? 싶어져 헛웃음을 짓곤 했지만. 아마도 진단컨대 나는 청춘을 쉽게 보내고 싶지 않았던 것이었는지도.

살면서 문득문득 가보고 싶은 데는 광복동이다. 내가 가장 뜨겁던 시절, 방황하고 연애하고 이별하던 그 시절에 대한 그리움 때문이다.

책을 읽다 거리를 내려다본다. 조금 젊어 보이는 이들이 발랄하게 지나간다. 늙어가는 것에 대해 생각한다. 외모도 외모지만 마음에서 발랄함이 사라졌다. 마음이 허름해졌다. 늙었다는 증거다. 카페에서 내다본 거리의 저들은 비교적 젊다. 스스로 이질감을 느낄 정도는 아니나 돌아다니는 저들에 비해 확연히 나이 든 것은 맞다. 나는 스스로를 잘 안다. 언젠가 더 세월이 흐르면 나는 이곳에 오지 못할지도 모른다. 이곳에 오는 것조차 생각나지 않을 수도 있다. 가끔 나오는 이 행위를 사치로 여기고 나는 사치를 즐겨보기로 한다. 내가 그리워하던 그 시절로는 돌아갈 수야 없지만 낭만은 덜 하나 비슷하게나마 남아 있는 게 얼마나 고마운가.

어느 날 나는 저물어가는 햇빛 속에서 광복동의 거리를 걷는다.